El Hassane Paul Hassana Sidibe

Embryo-endocrine /Emeritat Diderot [hommage au Pr. Maurice PETITOUT]

El Hassane Paul Hassana Sidibe

Embryo-endocrine /Emeritat Diderot [hommage au Pr. Maurice PETITOUT]

L'iode est une sentinelle du changement climatique dans le champ des neuro-sciences de l'environnement

Éditions Croix du Salut

Cover image: www.ingimage.com

Publisher:
Éditions Croix du Salut
is a trademark of
International Book Market Service Ltd., member of OmniScriptum Publishing Group
17 Meldrum Street, Beau Bassin 71504, Mauritius

Printed at: see last page
ISBN: 978-613-7-36629-5

Table des matières

REPUBLIQUE DU SENEGAL

UN PEUPLE – UN BUT – UNE FOI

FACULTE DE MEDECINE, PHARMACIE ET ODONTO-STOMATOLOGIE

FACULTE DES SCIENCES ET TECHNIQUES

DEPARTEMENTS DE PHYSIOLOGIE HUMAINE

ESSAI DE RESISTANCE PEPTIDOLOGIQUE GENERALE A PARTIR DE L'ETUDE HOLISTIQUE DE LA THYROIDITE AUTOIMMUNE ATROPHIQUE

PAR

E.H. SIDIBE
Maître ès Sciences Médicales – Université Paris VII
Doctorant des Universités Paris VII et V
B.P. 5062 – FANN – DAKAR (SENEGAL)

Directeur :

Monsieur Omar SYLLA
Professeur Honoraire de Pharmacie Chimique Organique
Docteur ès Sciences Naturelles
Membre d'honneur de la Société Médicale
d'Afrique Noire de Langue Française

L'AXE THYRO-DIABETE EST ONTOGENIQUE[El Hassane SIDIBE,medecin des hopitaux] /centre de clinique medicale marc henri christian sankale de la medina de Dakar.

De nombreux peptides par leur métabolisme moléculaire dans la cellule de la glande thyroïdienne, sont impliqués : les mutations du récepteur de la TSH sont source de résistance à la TSH avec hypothyroïdie congénitale. Un nouveau peptide orexigène, la Ghrelin, est diffus dans l'organisme et avec la tachykinine autre nouveau peptide facteur endocrine paracrine ; le PTTG et FGF-2 sont des marqueurs pronostiques des cancers thyroïdiens différenciés ; le CRIF1 est une nouvelle protéine du noyau qui interagit avec Gadd45 et peut jouer un rôle dans la régulation négative du cycle cellulaire de progression et de croissance ; les mutations de RET protooncongène sont devenues le marqueur du cancer médullaire de la thyroïde supplantant la calcitonine à laquelle il faut ajouter le CGRPα, le CGRPβ et l'amyline ; des protéines régulatrices liant l'AMP cyclique, la protéine G, Gi alpha 1, la protéine protéolipidique MAL sont identifiées à côté d'antigènes immunologiques actifs dans la Maladie de Basedow, les polyendocrinopathies auto-immunes. Ces peptides, par la diversité de leur fonction, argumentent en faveur du concept d'endocrinologie générale équivalente de sciences médicales sociales et philosophiques.

Hypothyroïdie gestationnelle : un défi pour le futur dans ses aspects moléculaires
Nous exposons la méthodologie du travail portant sur :« Le diabète maternel favorise-t-il le diabète non insulinodépendant ? »
Si dans le diabète insulinodépendant dit de type I, les marqueurs génétiques ont été démontrés , la situation n'est pas la même en cas de diabète non insulinodépendant (DNID) dit de type II, le mode de transmission de cette dernière affection est demeurée encore inconnue.
Pourtant, le rôle de l'environnement intra-utérin dans la transmission du diabète non insulinodépendant a été évoqué .
L'hypothèse de REAVEN rappelant une notion évoquée auparavant par VAGUE , a lié dans le syndrome X, l'hypertension artérielle, l'obésité, le diabète non insulinodépendant par un facteur d'insulinorésistance.
Notre étude concerne le rôle du diabète parental (principal maternel et paternel) et son association avec l'hypertension artérielle et l'obésité chez les parents de diabétiques non insulinodépendants.
Prospectivement, durant 8 mois (d'août 1992 à avril 1993), 202 diabétiques non insulinodépendants ont été inclus dès leur première consultation par le même médecin. Les critères sont ceux du diabète non insulinodépendant de type II (OMS 1985) ; et pour l'obésité, nous avons choisi un excès de 10 kg au-dessus du poids idéal (défini comme le nombre de kg égal à la différence de la taille en centimètres et cent centimètres).
Les paramètres étudiés sont la prévalence de l'histoire de l'hypertension artérielle, l'obésité, le diabète non insulinodépendant et leurs différentes associations chez les parents de diabétique non insulinodépendant. Nous avons aussi cherché les caractéristiques épidémiocliniques (sex ratio, âge de dépistage, type clinique) du diabète non insulinodépendant avec l'histoire familiale citée plus haut.
Le test de STUDENT a été utilisé pour les comparaisons.

a. Y-a-t-il un consensus sur le diagnostic de l'hypothyroïdie gestationnelle ?
b. Complications obstétricales associées à l'hypothyroïdie gestationnelle.
c. L'influence de l'hypothyroïdie gestationnelle sur le développement tardif et l'hypothyroïdie de l'enfant.
d. Etude épidémiologique de la prévalence de l'hypothyroïdie gestationnelle.
e. Changement démographique pertinent pour l'hypothyroïdie gestationnelle.
f. Méthode de dépistage.
g. Le cas du dépistage de l'hypothyroïdie gestationnelle.
h. Evidence comme quoi l'hypothyroïdie gestationnelle progresse en hypothyroïdie chez la majorité des femmes tard dans la vie.
i. Facteurs contribuant à une anomalie chez l'hypothyroïdien après grossesse hypothyroïdienne gestationnelle.
j. Interactions d'autres facteurs de risque et la morbidité hypothyroïdienne.
k. Différences ethniques dans la morbidité associée à l'hypothyroïdie primaire.
l. L'éventail de l'éducation au moment de la grossesse.

I - HEURISTIQUE : OBSERVATIONS

A – SYNDROME D'HYPOFONCTIONNEMENT DE LA THYROIDE

OBSERVATION N° 1

Madame Na Al., sage-femme de 38 ans ayant subi une lobectomie pour adénokyste thyroïdien à l'âge de 26 ans, consulte pour asthénie persistante.

L'asthénie remontait à six mois auparavant ; elle est à type de fatigue permanente d'évolution persistante. Outre cette fatigue, il existe un amaigrissement de 2 kg réduisant à peine une obésité de 86 kg, installée à la suite de 3 grossesses successives et d'une corticothérapie prescrite pour des raisons indéterminées.

Dans les antécédents existaient la notion de trois macrosomies foetales et celle d'un père diabétique obèse.

L'examen clinique retrouvait une obésité faciotronculaire importante avec "infiltration hydrolipopexique" de l'abdomen et des cuisses et des bourrelets thoraciques mais sans vergetures; la pression artérielle était à 14/8 et le pouls à 80 battements par minute ; enfin le reste de l'examen était strictement normal.

Les examens complémentaires révèlent :

- *une courbe de fixation normale mais avec un taux maximal tardif (35% à la 48ème heure);*
- *à la scintigraphie thyroïdienne un seul lobe gauche actif ;*
- *un métabolisme basal diminué à moins de 23% ;*
- *une hypercholestérolémie à 3,2 g/l avec cholestérol estérifié à 2,1 g/l ;*
- *un microvoltage diffus à l'électrocardiogramme ;*
- *des 17 cétostéroïdes à 8,4 mg/24 heures ;*
- *une numération formule sanguine normale ;*
- *une uricémie normale à 49 mg/l ;*
- *et une glycémie normale à 0,80 g/l.*

<u>Au total</u> : *hypothyroïdie primaire fruste, probable après lobectomie droite pour adénokyste thyroïdien.*
<u>Traitement reçu</u> : *Extraits thyroïdiens : 10 cg par jour.*

OBSERVATION N° 2

Monsieur Pa. A. Fa., 61 ans, ayant subi une radiothérapie cervicale en 1980 pour épithélioma de l'amygdale était hospitalisé deux ans après pour "mauvais état général".

L'interrogatoire était pauvre mais retrouvait une notion d'angor d'effort en 1981, traité aux dérivés nitrés retard et une constipation chronique réalisant un fécalome et s'accompagnant de douleurs abdominales diffuses vagues.

L'examen était normal et montrait une température à 36°6, un poids à 54 kg, une pression artérielle à 14/9 et un pouls à 74 battements par minute ; le corps thyroïde n'était pas palpable.

Les examens paracliniques *retrouvent :*

- *une courbe d'hypofixation nette de l'iode 131 n'excédant pas 11 % durant les 48 heures ;*
- *une image homogène d'une thyroïde normale mais fixant peu l'iode 131 à la scintigraphie ;*
- *une iodémie hormonale à 2,4 µg pour 100 ml (normale entre 3,5 et 7);*
- *un réflexogramme achilléen normal à 280 millisecondes ;*
- *une uricémie élevée à 104 mg/l .*

Le reste du bilan est normal : cholestérolémie à 1,11 g/l, triglycéridémie à 0,59 g/l, cortisolémie à 12,7 µg/ 100 ml et une glycémie à jeun à 0,93 g/l.

Au total :

1. *Hypothyroïdie primaire après radiothérapie cervicale pour épithélioma de l'amygdale opérée ;*
2. *Angor d'effort déjà connue et bien contrôlé par les dérivés nitrés ;*
3. *Hyperuricémie asymptomatique.*

Traitement reçu :

- *Hydrocortisone 20 mg/j puis à dose dégressive en 6 jours ;*
- *Extraits thyroïdiens de 5 cg : 1/2 cp par jour pendant 7 jours puis 1 cp par jour pendant la 2ème semaine et enfin 2 cp/jour,;*
- *Sotalol : 80 mg par jour.*

Evolution

Malade perdu de vue après sa sortie d'hôpital.

Au total :

1- *Hypothyroïdie périphérique après radiothérapie cervicale pour épithélioma de l'amygdale opéré ;*
2- *Angor d'effort ancien, traité aux dérivés nitrés ;*
3- *Hyperuricémie asymptomatique.*

Traitement reçu :

- *Hydrocortisone 20 mg par jours puis à dose dégressive en 8 jours ;*
- *puis Extraits thyroïdiens 45 cg :*
  1/2 comprimé par jour pendant 7 jours puis 1 comprimé par jour pendant la 2ème semaine; enfin, 2 comprimés par jour puis relais par thyroxine X gouttes par jour ;
- *Sotalol 80 mg par jour.*

L'évolution :

Malgré une prise de poids, l'évolution était marquée par un équilibre relatif et une triglycéridémie à 0,59 g/l.

En outre, elle s'était compliquée d'une pneumonie franche lobaire inférieure droite aiguë résolutive sous pénicillinothérapie.

OBSERVATION N° 3

Monsieur Ma. Bo., 59 ans, sonrhaï, médecin, originaire de Tombouctou, est hospitalisé pour "polyalgies".

L'anamnèse *retrouve un "mal partout" associant cervicalgies, lombalgies, scapulalgies et gonalgies permanentes mais surtout nocturnes sans dérouillage matinal. Il s'y ajoute des acroparesthésies du membre supérieur droit.*

En outre, il existait une constipation chronique, une hypoacousie, un ralentissement des facultés intellectuelles avec diminution de la mémoire et lassitude.

Les antécédents *ne montrent rien de particulier, en dehors d'une notion de discret goitre à l'âge de 12 ans, ayant disparu progressivement.*

L'examen somatique *retrouvait une obésité à 102 kg, de type boudhique avec faciès en poire, parotidose bilatérale et tablier sous mentonnier ; les seins ont un aspect de mamelles et le visage était figé ; la pression artérielle était à 15/10 et le pouls à 60 battements par minute. Le corps thyroïde n'était pas palpable. Le reste de l'examen était négatif en dehors d'une gêne des mouvements par l'obésité.*

Les examens complémentaires *révélaient :*

- *une courbe de fixation basse inférieure à 7% de la 3ème à la 24ème heure ;*
- *à la scintigraphie, une discrète activité au niveau de la glande thyroïde ;*
- *un métabolisme basal diminué à moins de 19% ;*
- *un tracé électrocardiographique bas volté ;*
- *et une cholestérolémie normale à 1,76 g/l.*

Le reste du bilan montrait une hyperuricémie à 160 mg/l, une accélération de la vitesse de sédimentation et un hémogramme normal.

Au total

1- *Hypothyroïdie périphérique probablement d'origine atrophique autoimmune.*
2- *Goutte polyarticulaire chronique.*

Traitement reçu :

Extraits thyroïdiens : 5 cg par jour
Régime sans sel.

Evolution : *malade perdu de vue après son exeat.*

OBSERVATION N° 4

Madame Bi. MB. âgée de 64 ans était hospitalisée en janvier 1982 pour défaillance cardiaque globale aiguë et des épigastralgies de survenue brutale.

Elle a été hospitalisée déjà à 2 reprises :

- La première fois en juillet 1980 pour infarctus antéroseptal du myocarde à expression douloureuse épigastrique, confirmé sur le plan biologique et électrique. Cet infarctus était survenu sur un terrain d'obésité, d'hypertension artérielle à 17/12 et d'hypercholestérolémie à 2,95 g/l ; il existait une constipation et le bilan radiologique montrait des bezoards gastriques.

En cours d'hospitalisation, était apparue une insuffisance cardiaque globale d'abord induite par des bétabloquants, puis récidivante et résolutive sous digitaliques.

- La deuxième hospitalisation en novembre 1981 était motivée par des gingivorragies sous anticoagulants ; il existait toujours une hypertension artérielle à 15/10, un pouls à 88 battements par minute ; l'auscultation cardiaque montrait un souffle systolique d'insuffisance mitrale fonctionnelle; il existait à la radiographie une cardiomégalie globale et l'électrocardiogramme confirmait la nécrose, antéroseptale séquellaire et un aspect récent de lésion sous-endocardique antéroseptale associée à un microvoltage diffus, un aplatissement diffus et concordant de l'onde T et un hémibloc antérieur gauche. Les taux de créatinine phosphokinase et de lacticodéshydrogénase étaient modérément élevés et les transaminases (SGOT) normaux.

L'observation d'un taux d'iodémie hormonale à 0,3 µg/ 100 ml n'a pas modifié l'attitude thérapeutique et en janvier 1982, la malade était réhospitalisée à nouveau pour nouvelle poussée d'insuffisance cardiaque et récidive d'infarctus myocardique confirmé par l'électrocardiogramme.

Un bilan plus complet confirmait l'hypothyroïdie :

- *iodémie hormonale toujours basse à 0,1 µg/ 100 ml ;*
- *réflexogramme achilléen allongé à 420 m.s. ;*
- *cholestérolémie à 2,99 g/l ;*
- *triglycéridémie à 3,09 g/l.*

Par ailleurs, le bilan montrait :

- *une uricémie à 79 mg/l ;*
- *un taux de protides totaux à 88 g/l dont 33,3% de gammaglobulines ;*
- *et une numération formule sanguine normale.*

La tentative d'une hormonothérapie substitutive entraînait une aggravation de la défaillance cardiaque et de l'insuffisance coronarienne. L'expectative sur le plan thyroïdien s'est imposée et la malade exeatée après une amélioration sous digitalo-diurétique et dérivés nitrés.

Evolution : *perdue de vue après l'hospitalisation.*

OBSERVATION N° 5

Madame So. ND., lébou de 24 ans, était admise pour prise de poids, hypertension artérielle et hirsutisme.

Après un second accouchement est apparue une prise de poids progressive non chiffrée, accompagnée d'un accroissement de l'appétit ; à cette prise de poids s'ajoutent des palpitations et une dyspnée d'effort sans limitation du périmètre de marche.

De plus, coïncidant avec le retour des couches, apparaissent une raucité de la voix, une hypertrichose avec poussée de poids au menton et à la poitrine, une modification du caractère marquée par une irritabilité et enfin une exacerbation de la libido. Par ailleurs, il existe un tabagisme récent.

L'examen clinique *retrouve une somnolence diurne, un faciès bouffi, une obésité diffuse de 90 kg.*

La pression artérielle et labile et varie entre 13/7 et 16/12 ; il existe une bradycardie à 58 battements par minute ; une hyperpilosité siège à la poitrine, à l'abdomen et au menton avec un fin duvet sur la lèvre supérieure, la pilosité pubienne est touffue et triangulaire.

Les examens complémentaires *révèlent :*

- *une courbe de fixation thyroïdienne abaissée inférieure à 5 % de la 3ème à la 48ème heure. Cette hypofixation persiste après stimulation (taux inférieur à 19 % de la 3ème à la 24ème heure) ;*
- *à la scintigraphie, une thyroïde à activité discrète ; après stimulation par T.S.H., l'image restait celle d'une petite glande thyroïde peu contrastée homogène ;*
- *une cholestérolémie à 2,26 g/l avec triglycéridémie à 1 g/l ;*
- *un tracé électrocardiographique bas volté montrant une bradycardie sinusale régulière à 60 battements par minute ;*
- *une anémie à 4,5 g/100 ml avec 3.300.000 globules rouges / mm^3 ;*
- *des 17 cétostéroïdes urinaires à 14,5 mg/24 heures et des 17 hydroxystéroïdes urinaires à 4,5 mg/24 h ;*
- *une protidémie à 70 mg/l sans dysglobulinémie, par ailleurs présence d'oeufs de taenia saginata dans les selles.*

Au total :

- *hypothyroïdie primaire patente probablement d'origine atrophique autoimmune ;*
- *Taeniasis.*

Traitement reçu :

- *Thyroxine XII gouttes par jour.*
- *Tredemine une cure*
- *Sorbifer.*

Evolution : *malade perdue de vue après l'hospitalisation.*

OBSERVATION N° 6

Madame D. S. D., 80 ans était hospitalisée pendant 10 jours pour dyspnée asthmatiforme avec recrudescence nocturne sans aucun antécédent particulier.

L'examen retrouve un poids à 71 kg, une pression artérielle à 13/7, une température à 36°5, un pouls à 103/mn.

Il existe des râles bronchiques et des sibilants diffus aux deux champs pulmonaires ; les bruits du coeur étaient réguliers et assourdis ; l'hypochondre droit était douloureux avec foie cardiaque et oedème des membres inférieurs.

En outre, il existe un goitre multinodulaire sans caractère vasculaire et des caries dentaires multiples.

Le bilan révélait :

- *une iodémie hormonale à 1,9 µg/100 ml ;*
- *un réflexogramme achilléen à 320 ms ;*
- *une cholestérolémie à 2,62 g/l avec une triglycéridémie à 1,56 g/l ;*
- *une cardiomégalie et un oedème pulmonaire interstitiel ;*
- *un hémibloc antérieur gauche, un bloc de branche droit incomplet, une tachycardie sinusale régulière à 100 battements par minute et un discret bas voltage diffus à l'électrocardiogramm ;*
- *une protidémie totale à 72 g/l avec à l'électrophorèse, une albuminémie à 55% des alpha 1 à 2,5%, alpha 2 à 9,2% ; bêta à 14,8% et des gammaglobulines à 17,8%;*
- *une uricémie à 68 mg/l et une glycémie à jeun à 1,26 g/l.*

Mis sous furosémie comprimé et chlorure de potassium 1 comprimé de 1 g par jour, l'évolution a été favorable, puis la malade perdue de vue.

Au total :

Hypothyroïdie inapparente sévère due à un goitre multinodulaire et crise d'asthme compliquée d'une insuffisance cardiaque globale.

OBSERVATION N° 7

Madame Fa. Le. 48 ans, était admise pour goitre. Le goitre remontait à quinze ans, augmentant progressivement de volume.

Il existait une frilosité, une dyspnée d'effort sans limitation du périmètre de marche et enfin des gonalgies de type mécanique.

Le reste de l'interrogatoire ne révélait rien de particulier.

Dans les antécédents, existait une notion de thyroïdectomie pour goitre, 10 ans auparavant chez cette femme multipare.

L'examen retrouvait un corps thyroïde hypertrophique ferme multinodulaire non vasculaire sans caractère inflammatoire, ni adénopathie satellite. Il n'existait pas d'autre signes particuliers.

Les examens complémentaires montraient :

- *un réflexogramme à 400 ms ;*
- *un goitre plurinodulaire hétérofixant à la scintigraphie à l'iode 131 ;*
- *un index cardiothoracique très augmenté et une déviation trachéale droite à la radiographie ;*
- *une cholestérolémie à 2 g/l ;*
- *une triglycéridémie à 1,4 g/l ;*
- *un hémogramme normal ;*
- *et une vitesse de sédimentation normale.*

Au total :

Goitre multinodulaire récidivant après thyroïdectomie et compliqué d'une hypothyroïdie fruste et d'une déviation trachéale droite latente.

Traitement et évolution

L'ablation chirurgicale et le traitement substitutif étaient envisagés chez cette malade.

OBSERVATION N° 8

Monsieur M. D., 21 ans, cultivateur originaire de Joal, était adressé pour hypothyroïdie et hypoparathyroïdie après thyroïdectomie.

A l'occasion d'une hyperthyroïdie et après préparation au Lugol , au propanonol et au Tranxène durant quatre semaines, une thyroïdectomie subtotale était effectuée avec conservation de 2 lames postérieures.

Deux mois après, survenait une crise épileptiforme sans signe électroencéphalographique mais traitée aux barbituriques bien que s'accompagnant d'une main d'accoucheur.

Trois mois après cette crise, s'installaient une asthénie intense, une infiltration cutanée diffuse mais prédominant à la face et une prise de poids de 10 kg ; la voix était devenue rauque et il existait une frilosité, une lenteur de l'évolution, une hypoacousie et une discrète constipation faite d'une selle tous les 2 à 3 jours.

Dans les antécédents, il n'existait pas de notion de dysthyroïdie familiale.

A l'examen, le poids est à 71,600 kg pour 1,69 m, la pression artérielle à 13/9 et le pouls à 60 battements par minute ; il existait une discrète infiltration diffuse prédominant aux paupières et une cicatrice cervicale antérieure de thyroïdectomie.

Enfin, il existait un signe de CHVOSTECK alors que les réflexes ostéotendineux des membres inférieurs étaient abolis.

Les examens complémentaires *montrent :*

- *un réflexogramme achilléen irréalisable ;*
- *un métabolisme basal diminué de 30% ;*
- *une cholestérolémie à 2,6 g/l ;*
- *une cardiomégalie discrète ;*
- *à l'électrocardiogramme, une bradycardie sinusale à 60 battements par minute avec microvoltage diffus et sans troubles de la repolarisation à 2,94 g/ 24 heures ;*
- *une magnésémie à 50 mg/l.*

Au total :

Hypothyroïdie modérée et hypoparathyroïdie post-opératoires à l'occasion d'une hyperthyroïdie.

Traitement :

Extraits thyroïdiens 5 cg : 1 comprimé par jour durant jours puis 2 comprimés par jour. Calcibronat : comprimé matin et soir.

Evolution *après 3 mois de traitement.*

1- *Discrètes manifestations de surdosage à type de sensation de chaleur, palpitations, instabilité caractérielle. 2 selles pâteuses par jour, insomnie, perte de 1,5 kg, pouls à 72, cholestérolémie à 1,52 g/l d'où réduction des doses à 7,5 cg d'Extraits thyroïdiens.*

2- *plus de crise de tétanie.*

Après 18 mois, l'hypothyroïdie reste mal équilibrée du fait d'un traitement irrégulier et probablement insuffisant comme en témoignent un pouls à 60 pulsations par minute, un poids à 72g.

OBSERVATION N°9

Madame Ou. MB., lébou de 45 ans, a subi une thyroïdectomie subtotale pour goitre hyperthyroïdien. 6 mois après, elle présente une discrète asthénie physique, une frilosité et une constipation faite d'une selle tous les 2 jours.

Il s'y ajoutait une raucité progressive de la voix et une dyspnée sans atteinte récurrentielle à l'examen otorhinolaryngologique.

Dans les antécédents*, on notait une multiparité avec notion de macrosomie foetale, un poids maximum de 100 kg et l'absence de diabète ou de dysthyroïdie familiale.*

L'examen retrouvait un poids actuel de 84 kg pour 1,67 m, un pouls à 60 battements par minute et une pression artérielle à 15/10. Le visage est discrètement bouffi. Enfin, il existait une cicatrice de cervicotomie antérieure sans corps thyroïde palpable.

Les examens complémentaires *montraient :*

- *un index de thyroxine libre de 1,14 (N entre 0,9 et 1,2) ;*
- *une thyroxinémie à 4,03 µg/100 ml (N entre 5,1 et 9,4) ;*
- *au télécoeur une cardiomégalie en théière ;*
- *à l'électrocardiogramme une bradycardie sinusale régulière de 60 battements par minute, sans autre anomalie ;*
- *une calcémie à 100 mg/l.*

En résumé : *Hypothyroïdie fruste après thyroïdectomie subtotale.*

Evolution et traitement :

Sous-extraits thyroïdiens à doses progressives, jusqu'à 15 cg puis thyroxine : 1,5 mg par jour, l'évolution était marquée 18 mois après par :

- *un mauvais équilibre de l'hypothyroïdie caractérisé par un pouls à 60 pulsations par minute ;*
- *l'apparition d'un diabète sucré pléthorique caractérisé par une polyurie nocturne, une obésité à 91 kg et une glycémie post prandiale à 2,25 g/l alors qu'à jeun, elle était de 0,95 g/l. Ce diabète est équilibré par le régime seul.*

Au total :

1- *Hypothyroïdie fruste après thyroïdectomie subtotale pour hyperthyroïdie.*
2- *Diabète sucré pléthorique révélé sous hormonothérapie.*

OBSERVATION N° 10

Madame Ke. Ba, 50 ans, Toucouleur, ménagère, habitant Thiaroye, était adressée pour algies diffuses, baisse de l'acuité visuelle, vertiges, frilosité et alopécie.

Depuis une dizaine d'années, des douleurs abdominales étaient apparues progressivement, siégeant à la fosse iliaque gauche à type de pesanteur irradiant le long du cadre colique, s'accompagnant d'une constipation chronique, opiniâtre durant une dizaine de jours.

Il s'y ajoutait une frilosité d'installation insidieuse associée à une asthénie intense et un engourdissement des jambes.

En outre, il existait des sensations de perte de l'équilibre très intenses ayant occasionné des chutes et même une fracture de la jambe droite actuellement consolidée. Ces sensations encore persistantes s'accompagnaient de flou visuel et d'hypoacousie.

Enfin, depuis deux ans, une chute pilaire progressive est apparue atteignant le pubis, les aisselles et le pourtour du cuir chevelu.

Les antécédents révélaient trois hospitalisations pour les motifs précédents, un avortement suivi d'une stérilité secondaire et d'une polyménorrhée ; il n'y a pas de maladie familiale connue.

L'examen clinique retrouvait un poids normal (68 kg pour 1,68 m), une pression artérielle de 14/9, une température à 36 °7, le pouls ralenti à 54 battements par minute.

La voix est rauque mais il n'y pas de macroglossie. Le visage était bouffi surtout aux paupières ; la peau sèche, écailleuse ; les muqueuses étaient pâles ; les poils sourcilières étaient absents et s'accompagnent d'une alopécie pubo-axillaire et temporooccipitale et frontale en turban ; il s'y associe des caries dentaires multiples. Le corps thyroïde n'est pas palpable ; les bruits du coeur sont assourdis ; les masses musculaires sont douloureuses à la pression et les réflexes ostéotendineux faibles. Enfin, il existe des pertes blanches fétides au toucher vaginal.

Les examens complémentaires *montrent :*

- *une courbe de fixation à l'iode 131 nettement abaissée avec 6% à la 2ème heure, 4% à la 6ème heure, 2% à la 24ème heure, 0,8% à la 36ème heure ;*
- *une scintigraphie irréalisable du fait du taux de fixation trop bas ;*
- *un électrocardiogramme qui confirme la bradycardie à 60 battements par minute sinusale régulière, un bas voltage diffus et une onde T négative et asymétrique ;*
- *une hémoglobinémie à 9 g/100 ml avec des globules rouges à 3 millions par* mm^3 *;*
- *une vitesse de sédimentation accélérée à 11/79 ;*
- *une selle turcique normale à la radiographie.*

Au total :

Hypothyroïdie myxoedémateuse périménopausique primitive probablement autoimmune, atrophique, marquée par une myopathie nerveuse, une polynévrite sensitivo-hyporéflexive.

Traitement reçu :

Extraits thyroïdiens 1/2 comprimé 5 cg augmenté progressivement jusqu'à 15 cg en deux mois.

L'évolution *favorable dans l'immédiat est marquée 20 mois après par une irrégularité thérapeutique et un mauvais équilibre de l'hypothyroïdie objectivée par une constipation modérée et une bradycardie à 60 battements par minute.*

OBSERVATION N° 11

Monsieur E. H. ND., 57 ans, ex-manoeuvre est adressé par le service de psychiatrie où il a été amené pour indifférence et apathie évoluant depuis deux ans, accompagnées d'une constipation chronique opiniâtre et d'une frilosité.

Les antécédents sont sans particularité.

A l'examen somatique, le déshabillage est lent, le faciès figé, la réponse aux questions se fait avec retard et brièvement avec une voix rauque ; il existe une hypoacousie ; la température est à 36 °4, le pouls à 60 battements par minute et la pression artérielle à 9,5/7 ; le corps thyroïde est atrophique ; la peau sèche, écailleuse et froide ; les sourcils quasi-absents de même que les poils pubiens et axillaires. Il n'y a pas de macroglossie ; le choc de pointe n'est pas palpable et les bruits du coeurs sont assourdis.

Enfin, les réflexes ostéotendineux des membres inférieurs sont abolis.

Les examens complémentaires *retrouvaient :*

- *une thyroxinémie indétectable ;*
- *une iodémie thyroxinienne indétectable ;*
- *un taux de thyroxine binding globulin à 40,0 µg/l ;*
- *une cholestérolémie à 2,95 g/l ;*
- *un microvoltage diffus et un aplatissement diffus et concordant de l'onde T qui, en outre, est inversée en V1, V2, V3 mais asymétrique à l'électrocardiogramme ;*
- *une cardiomégalie discrète à la radiographie du coeur ;*
- *des 17 cétostéroïdes urinaires abaissés à 0,95 mg/24 h ;*
- *des 17 hydroxystéroïdes urinaires à 0,55 mg/24 h ;*
- *une glycémie à jeun à 0,70 g/l ;*
- *une vitesse de sédimentation accélérée à 13/97 ;*
- *des protides totaux à 71 g/l avec à l'électrophorèse albumine : 7% alpha 1 globuline 2,1%, alpha 2,7%, bêta 11,6% et gamma globuline à 32,3%.*

Au total :

Hypothyroïdie myxoedémateuse périphérique probablement autoimmune atrophique.

Traitement :

- *Hydrocortisone 20 mg par jour pendant 6 mois.*
- *Extraits thyroïdiens comprimés de 5 cg à la dose de 12,5 cg atteinte progressivement en 3 mois.*

Evolution *marquée par :*

Une amélioration clinique caractérisée par :

- une baisse du poids de 16 kg ;
- un pouls normal et régulier à 80 battements par minute ;
- un retour à une vie relationnelle normale.

- *un réflexogramme achilléen à 320 ms sur le plan paraclinique.*

Malheureusement, cette évolution est entrecoupée de période de rechute en rapport avec l'irrégularité du traitement à partir de la deuxième année.

OBSERVATION N° 12

Mme K. D. D., 39 ans, Toucouleur, ex-employée de banque, consulte pour "mésentente avec son mari" et douleur abdominale.

Le début de la maladie remonterait à 8 ans environ, marqué par l'apparition de douleur périombilicale à type de pesanteur, s'accompagnant de constipation chronique.

Ces douleurs qui ont motivé plusieurs consultations sans résultats, s'accompagnent d'une fatigue extrême confinant au lit, d'une frilosité importante et de crampes musculaires.

Il s'y ajoute un total désintéressement à la vie associé à des périodes d'irritabilité surtout à l'égard de ses enfants, et de son mari.

Récemment, une lourdeur des paupières est apparue, suivie d'une infiltration des membres inférieurs prédominant aux pieds et ayant motivé un régime sans sel.

Enfin, la voix est devenue rauque et il existe des douleurs thoraciques gauches sous mamelonnaires à type de piqûre intermittente sans caractère angineux typique et des céphalées tenaces frontales, sans horaire précis.

Les antécédents révèlent une stérilité secondaire de 8 ans et une irrégularité du cycle menstruel. Il existe une demi-soeur présentant un goitre.

<u>A l'examen somatique</u>, *la malade est adynamique, répondant avec lenteur aux questions. Le poids est de 53,3 kg pour une taille de 1,76 m, la pression artérielle à 10,5/7 et le pouls à 60 battements par minute. Les conjonctives sont pâles.*

Le corps thyroïde est atrophique.

Le visage est bouffi, inexpressif ; la peau sèche squameuse, les cheveux secs, la pilosité axillaire absente avec perte de la queue du sourcil alors que celle du pubis reste conservée.

Une importante macroglossie remplit la cavité buccale, l'haleine est fétide, les dents cariées.

<u>Les examens complémentaires</u> *montrent :*

- *un T3 test à 0,18 (N entre 0,21 à 0,36) ;*
- *une thyroxinémie à 1,47 µg par 100 ml (N : 5,8 à 10,10) ;*
- *un index de thyroxine libre inférieur à 3 (N : 16 à 47) ;*
- *une scintigraphie impossible du fait d'une courbe de fixation plate (6% à la deuxième heure et 3% à la 48ème heure). Après stimulation par la TSH, il n'y a pas d'image scintigraphique et la courbe de fixation reste abaissée ;*
- *une cholestérolémie à 3,37 g/l ;*
- *un microvoltage avec des ondes T négatives diffuses et concordantes à l'électrocardiogramme ;*
- *une cortisolémie à 310 mmol soit 11,23 µg/ml ;*
- *des globules rouges à 3.400.000 avec hémoglobinémie à 9,4 g/100 ml, hématocrite à 32% et valeur globulaire moyenne à 95 microcubes ;*

- *un fer sérique à 168 µg/100 ml (N : 60 à 160) ;*
- *des protides totaux à 84 g/l) avec albuminémie bêta : 8,4 g, gamma : 16 g ;*
- *un taux de prothrombine à 100% ;*
- *une glycémie à jeun à 0,85 g/l et une créatininémie à 13 mg/l.*

Au total :

Hypothyroïdie primitive probablement par thyroïdite autoimmune atrophique.

Traitement :

- *Hydrocortisone à 30 mg/jour.*
- *Sorbifer.*
- *Cynomel à dose progressive avec une dose initiale de 1/4 comprimé et atteignant 3 comprimés/jour en 30 jours.*

Evolution *sans aucun incident et nettement favorable : Résolution de l'indifférence. Le pouls à 76 battements par minute, le poids baissant de 2 kg après 1 mois de traitement ; en outre, la cholestérolémie se normalise à 1,13 g/l.*

OBSERVATION N° 13

Madame Ta. Di., 37 ans, habitant de la Médina, consulte pour oedèmes des membres inférieurs, bouffissure du visage et asthénie.

Le début de la maladie remonte à 3 ans, marquée par une baisse de l'acuité visuelle, des vertiges au moindre effort et une dyspnée importante confinant à l'inactivité.

Par la suite s'installe une constipation chronique tenace durant une dizaine de jours ou plus, avec ballonnement abdominal et accompagnée d'une bouffissure du visage et un oedème des membres inférieurs.

Enfin apparaissent un amaigrissement important non chiffré, une hypoacousie et une aménorrhée secondaire.

Les antécédents ne révèlent rien de particulier chez cette multipare.

L'examen somatique *retrouve ou un poids de 73,5 kg pour une taille de 1,68 m, une pression artérielle élevée à 17/11 et une tachycardie à 100 battements par minute ; les muqueuses sont décolorées et il existe un discret oedème prétibial bilatéral prenant le godet.*

Le corps thyroïde n'est pas palpable ; il existe une bradypsychie, une raucité de la voix et une macroglossie. Les bruits du coeur sont assourdis et réguliers, le foie est augmenté de volume sensible et accompagné d'un reflux hépatojugulaire.

Enfin, le toucher vaginal ramène des pertes blanches abondantes fétides.

Les examens complémentaires *révèlent :*

- *une thyréostimulinémie à 275 m U/l (N entre 2 à 8,4) ;*

- *un aplatissement diffus de l'onde T à l'électrocardiogramme ;*
- *une volumineuse cardiomégalie avec un pédicule artériel raccourci et une image en théière à la radiographie ;*
- *une cholestérolémie à 2,05 g/l ;*
- *une triglycéridémie à 2,5 g/l ;*
- *un réflexogramme achilléen allongé à 490 ms ;*
- *une anémie à 10 g/100 ml d'hémoglobine avec 3.800.000 globules rouges à l'hémogramme ;*
- *des protides totaux à 85 g/l avec albuminémie à 45,7 g/l, alpha 1 globuline à 1,1 g/l, alpha 2 à 6,2 g/l, bêta à 8,7 g/l et hypergammaglobulinémie à 25,5 g/l.*

Au total :

1- *Hypothyroïdie périphérique patente d'origine probablement autoimmune atrophique;*
2- *Hypertension artérielle à 17/11 :*
3- *Insuffisance cardiaque globale d'origine myxoedémateuse et hypertensive ;*
4- *Infection génitale.*

Traitement reçu :

Extraits thyroïdiens 5 cg à doses progressives 1/2 comprimé par jour puis 1 comprimé par jour.

Evolution

Elle est favorable sous traitement après une aggravation de l'insuffisance cardiaque marquée par un épanchement pleural droit au 19ème jour. La ponction pleurale retire 1,650 l de liquide jaune riche en protides (59 g/l) mais Rivalta négatif.

Cette insuffisance cardiaque globale avec épanchement pleural droit de moyenne abondance a régressé complètement après 15 jours de traitement par Furosémide 2 comprimés par jour et Extraits thyroïdiens (5 cg par jour).

Après 8 mois, l'hypothyroïdie est équilibrée progressivement avec une dose de un comprimé et demi de thyroxine.

La malade est vivace, le poids à 83 kg, le pouls à 80 pulsations par minute, la cholestérolémie à 1,45 g/l, la triglycéridémie à 0,55 g/l.

L'hypertension artérielle reste à 17/11 malgré la prise d'un comprimé de chlorothiazide associé à de l'amiloride chaque jour.

OBSERVATION N° 14

Madame Li. KA, 44 ans, consulte pour oedème et asthénie. L'oedème date de 2 mois siégeant au visage et aux membres inférieurs associés à une augmentation de volume de l'abdomen. Cet oedème est amélioré par le repos et le régime sans sel.

Il existe par ailleurs une constipation marquée par une selle tous les cinq jours.

Une toux peu productive avec expectoration blanchâtre mousseuse et des palpitations complètent le tableau.

Dans les antécédents, *on trouve un épisode d'oedème un an auparavant ; il n'existe aucune notion de diabète ni d'obésité ni de dysthyroïdie familiale chez cette femme normalement réglée et multipare.*

A l'examen, *le poids est à 73 kg pour 1,64m, le pouls à 60 battements par minute est régulier, les conjonctives sont pâles, il existe de discret oedèmes mous prétibiaux ; la flèche hépatique est normale ; la pilosité puboaxillaire et sourcilière est quasi absente ; la peau sèche et la voix rauque. Le corps thyroïde n'est pas palpable.*

Les examens complémentaires *révèlent :*

- *à l'électrocardiogramme : un microvoltage diffus avec bradycardie à 60 pulsations/ minute sinusale régulière et sans trouble de la répolarisation ;*
- *au télécoeur : une cardiomégalie en carafe ;*
- *un réflexogramme achilléen allongé à 440 ms (N : 260 à 400) ;*
- *à l'hémogramme, une anémie à 9g/100ml résistant au traitement martial ;*
- *une glycémie à 0,7g/l ;*
- *des 17 cétostéroïdes à 3,6 mg/24 et des 17 hydroxystéroïdes à 1,4 mg/24 h ;*
- *des protides totaux à 8,1 g/l avec albuminémie à 44% ; alpha 1 globuline à 4%, alpha 2 à %, bêta à 14% et gamma globuline 30% ;*
- *une cholestérolémie à 1,9 g/l ;*
- *une créatininémie à 14,03 mg/l ;*
- *une urée sanguine à 0,40 g/l.*

Au total :

Hypothyroïdie primaire probablement d'origine atrophique autoimmune et révélée par un syndrome oedémateux résolutif sous régime désodé avant hormonothérapie.

Traitement reçu

Hydrocortisone 20 mg/jour
Extraits thyroïdiens 5 cg/jour.

Evolution : *malade perdue de vue.*

OBSERVATION N° 15

Madame Ya. Gue. ND., 41 ans, sérère, sans profession, consulte pour aménorrhée secondaire depuis 18 ans.

Quatre années après une deuxième grossesse, s'est installée une spanioménorrhée accompagnée de douleurs hypogastriques permanentes intenses fébriles et de leucorrhées abondantes blanchâtres. Une aménorrhée secondaire et une frilosité permanente s'associant à une constipation chronique sont apparues quatre années plus tard, suivies dix huit mois après par une bouffissure du visage et des oedèmes des membres inférieurs durant toute la journée. Plus récemment, il s'y est ajouté une dyspnée d'effort ne limitant pas le périmètre de marche, une raucité de la voix, une sensation d'hypoesthésie et d'engourdissement aux plantes des pieds et enfin des vertiges.

Dans les antécédents, *il existe une stérilité secondaire de 17 ans après la naissance de 2 enfants, il n'y a pas de notion de dysthyroïde ni de diabète familial.*

A l'examen, *le poids est de 72 kg pour 1,58 m, la pression artérielle à 13/8,5, le pouls à 60 pulsations par minute, le visage bouffi, les conjonctives pèles ; la malade est calme et hypoacousique. Le corps thyroïde n'est pas palpable, la peau sèche, les aisselles galabres ; la queue du sourcil absente, la musculature est hypertrophique de type masculin. Le toucher vaginal est douloureux et ramène des pertes blanches fétides.*

Les examens complémentaires *montrent :*

- *une cholestérolémie à 2,6 g/l avec HDL cholestérol à 0,47 g/l;*
- *à la radiographie, une cardiomégalie en théière monstrueuse symétrique ;*
- *à la scintigraphie, après stimulation, la fixation du radioélément paraissant faible, peu homogène et localisée essentiellement au lobe droit ;*
- *une glycémie à 0,7 g/l ;*
- *une créatininémie à 15,7 mg/l.*

Au total

1- *hypothyroïdie primaire probablement d'origine atrophique autoimmune caractérisée par une myopathie hypertrophique sans myotonie ;*
2- *salpingite chronique ;*
3- *stérilité secondaire.*

Traitement

- *Hydrocortisone : 20 mg par jour durant 30 jours puis*
- *Extraits thyroïdiens (5cg) 1/2 comprimé par jour puis*
- *Thyroxine 2 comprimé et*
- *Avlocardyl 3/4 comprimés par jour (dose atteinte en 8 mois).*

Evolution favorable *après 8 mois :*

Le poids est à 67,5 kg, le pouls à 80 pulsations par minute sans notion de précordialgie.

La cholestérolémie est à 1,80 g/l et le volume du coeur est normal cependant l'aménorrhée persiste.

OBSERVATION N° 16

Mademoiselle Di. N.D., 20 ans, ménagère est adressée par le service de psychiatrie pour alopécie.

Le début remonte à dix ans, marquée par une chute progressive des cheveux. Cette alopécie spontanée ne reconnaît aucun facteur favorisant dermatologique, toxique ou psychologique.

Des algies diffuses prédominantes aux muscles dorsolombaires, une asthénie physique permanente et une frilosité s'y associent.

Enfin, il existe une constipation chronique faite d'une selle tous les 4 jours et des céphalées insomniantes.

Dans les antécédents, *on retrouve des règles apparues à l'âge de 16 ans avec un cycle long de 40 jours et l'absence de pilosité axillopubienne.*

A l'examen somatique, *le poids est à 52 kg pour une taille de 1,59m, le pouls est à 60 pulsations par minute, la pression artérielle à 12/8 et les conjonctives sont pâles. Le morphotype est peu féminin avec hypertrophies disgracieuses mais symétriques des masses musculaires paravertébrales, dorsolombaires et scapulaires.*

Le visage est bouffi et arrondi ; l'élocution lente gênée par une macroglossie modérée. Il existe une rhinite séreuse.

Une alopécie diffuse laisse une calotte supérieure sur le cuir chevelu (de 9 cm environ de diamètre), les sourcils sont peu fournis ; la pilosité puboaxillaire est absente.

Les organes génitaux externes sont normaux mais il existe une hypomastie relative (seins peu développés sans glande palpable).

Le corps thyroïde n'est pas palpable. Les bruits du coeur sont assourdis.

Les examens complémentaires *montraient :*

- *une thyroxinémie indétectable ;*
- *un iode thyroxinien indosable ;*
- *une thyréostimulinémie à 236 µU/ml (N : 2 et 8,4) ;*
- *une courbe de fixation très basse avec scintigraphie thyroïdienne impossible ;*
- *un réflexogramme achiléen impraticable ;*
- *à l'électrocardiogramme, un microvoltage diffus sans autre anomalie ;*
- *une cholestérolémie à 2,20 g/l avec HDL cholestérol à 0,57 g/l ;*
- *des 17 cétostéroïdes à 0,7 mg/24 heures au dosage statique et 11,20 mg/24 heures après stimulation ;*
- *des 17 hydroxystéroïdes à 0,35 mg/24 heures au dosage statique et 5,20 mg/24 heures après stimulation ;*
- *un taux de F.S.H. supérieur à 25 unités souris ;*
- *une prolactinémie à 390 µU/ml ;*
- *une anémie à 7/100 ml d'hémoglobine avec 2.890.000 globules rouges ;*
- *une selle turcique profonde avec pneumatisation des sinus sphénoïdaux et à la tomographie sagittale un agrandissement des contours ;*
- *un examen ophtalmologique normal.*

Au total

Hypothyroïdie patente primaire avec alopécie décalvante et myopathie hypertrophique sans myotonie, hypofolliculénie et hypocorticisme surrénalien probablement deutéropathiques.

Traitement

- *Hydrocortisone (comprimé 10 mg) 20 mg par jour, puis à dose dégressive pendant 8 jours ;*
- *puis Extraits thyroïdiens (comprimés de 5 cg) 1/2 comprimé/jour à dose progressive atteignant 20 cg en 4 mois.*

L'évolution *est marquée par une amélioration de l'hypothyroïdie et notamment de la myopathie avec normalisation du tracé électrocardiographique.*

L'alopécie n'est pas améliorée.

OBSERVATION N°15

Madame Fa. Sa., 44 ans, originaire de Saint-Louis, demeurant à la Médina, consulte pour prise de poids, oedèmes et métrorragies.

Le début de la maladie remonte à 18 ans marquée par une prise de poids progressive accompagnée d'épisode d'aménorrhée de 2 à 6 mois entrecoupées de ménométroragies durant en moyenne une semaine. Il s'y associe une constipation chronique allant jusqu'à une selle tous les dix jours.

Quinze ans après, la voix est devenue progressivement rauque, et sont apparues des algies diffuses des coudes, du rachis cervical, des genoux survenant au repos, exacerbées par l'effort et s'accompagnant d'oedèmes d'allure non inflammatoire siégeant aux genoux et aux dos des mains. Une frilosité et une asthénie matinale confinant progressivement à la sédentarité s'y ajoutent.

Depuis 7 ans, une dyspnée d'effort limite le périmètre de marche à 400 mètres. Parfois, des précordialgies à type de coup de poignard surviennent à l'effort, irradiant vers le cou sans atteindre les mâchoires ou le bras gauche et cédant au repos.

Les antécédents retrouvent une obésité familiale ; il n'y a pas de notion de dysthyroïdie dans la famille.

L'examen somatique *montrait une obésité de 97,750 Kg pour 1,61m une pression artérielle à 14/10, un pouls à 80 battements/minute et une température à 37°2.*

Les conjonctives sont pâles, la peau sèche, sans être écailleuse, le visage bouffi avec oedème des paupières, des jambes et du dos des mains ; la voix est rauque et s'accompagne d'une dysarthrie avec macroglossie. L'abdomen est ballonné avec une ascite libre sans hépatomégalie. Une douleur abdominale pelvienne diffuse existe, exacerbée au toucher vaginal ; la muqueuse vaginale est sèche, un peu rétrécie et le doigtier revient souillé de pertes fétides.

Enfin les réflexes ostéotendineux rotuliens et achilléens sont abolis et il existe un signe du tabouret. Le reste de l'examen somatique est par ailleurs négatif.

Au total

1- *Hypothyroïdie primaire par atrophie auto-immune probable, compliquée d'une insuffisance cardiaque globale.*
2- *Salpingite chronique*
3- *Stérilité secondaire.*

Evolution et traitement : *Malade non revue.*

OBSERVATION N°18

Madame T. T. 48 ans est suivie depuis 5 ans pour :

- *un diabète métapléthorique dépisté à l'occasion d'un abcès fessier par injection septique, caractérisé par un équilibre instable sous metformine sans complication dégénérative,*
- *et une hypertension artérielle mal contrôlée à 19/12 sous clonidine, papavérine et hydergine.*

Actuellement, elle présente une constipation chronique faite d'une selle quasi hebdomadaire, ne cédant pas aux laxatifs, et s'accompagnant d'une hypoacousie, d'une raucité de la voix et d'une dyspnée d'effort sans limitation du périmètre de marche.

Les antécédents *retrouvent en l'absence de macrosomie foetale sur 9 enfants vivants une notion de mère diabétique et d'obésité familiale.*

A l'examen, *le poids est à 81 Kg pour 1,60m, la pression artérielle à 17/10, les conjonctives pâles, le visage bouffi.*

Il existe une alopécie sourcilière et puboaxillaire ; les bruits du coeur régulier à 64 battements par minute sont assourdis le corps thyroïde n'est pas palpable.

Les examens complémentaires *montraient :*

- *un réflexogramme allongé "ininterprétable" ;*
- *une cholestérolémie à 3,5 g/l et un HDL cholestérol à 1,15 g/l;*
- *à l'électrocardiogramme, un aspect S1Q3, un bas voltage diffus très important, une onde T négative et symétrique en D3 et AVF ;*
- *une glycémie à 1,30 g/l et post prandiale à 3,3 g/l ;*
- *un test de stimulation à la TSH négative ;*
- *l'hémogramme, l'uricémie, la créatininémie, l'azotémie, l'albuminémie sont dans les limites de la normale.*

Au total

1- *Diabète métapléthorique ancien mal équilibré ;*
2- *Hypothyroïdie primaire patente probablement par atrophie thyroïdienne autoimmune;*
3- *Hypertension artérielle modérée.*

Traitement :

Mis en route après hospitalisation
Hydrocortisone 10 mg/jour
Extraits thyroïdiens 1 cg/jour augmentés progressivement jusqu'à 10 cg/jour au 2ème mois
Avlocardyl 80 mg/jour
Régime diabétique et arrêt biguanides.

Evolution :

Après deux mois de traitement on ne note aucune plainte mais

- *le diabète est passablement équilibré avec une glycémie à jeun à 1,95 g/l et post prandiale à 1,88 g/l ;*
- *l'hypothyroïdie s'améliore progressivement avec infiltration cutanée moins importante, raucité de la voix atténuée et bruits du coeur bien frappés.*
- *Enfin l'hypercholestérolémie d'origine mixte est à 2,85 g/l avec cholestérol HDL à 0,86 g/l et rapport cholestérol total/cholestérol HDL à 3,3.*

OBSERVATION N° 19

Madame Fa. Ya., 65 ans, originaire de Tivaouane, consulte pour constipation chronique.

La constipation remonte à plus de 8 ans et se caractérise par une opiniâtreté allant jusqu'à un mois sans exonération et par l'absence de douleur abdominale. Cette constipation ayant motivé des consultations chirurgicales pour syndrome pseudo-occlusif s'associe à une hypoacousie importante, une lenteur de l'élocution.

Récemment une asthénie est apparue sous traitement hormonal et s'accompagnant d'une polyuropolydipsie sans modification pondérale ni trouble de l'appétit.

Les antécédents *retrouvent une hypertension artérielle depuis 20 ans, un poids maximum de 90 kg, l'existence d'une hyperthyroïdie connue chez un des fils et l'absence de notion de diabète dans la famille.*

A l'examen, *le poids est de 85,8 kg pour 1,72 m, le pouls à 57 pulsations par minute, la pression artérielle à 16/9 ; les conjonctives sont pâles, le visage bouffi ; la queue du sourcil et la pilosité axillaire sont absentes. L'évolution est lente avec dysarthrie et macroglossie ; la malade est bradypsychique et bradykinétique ; il existe une aréflexie ostéotendineuse des membres inférieurs.*

Les examens complémentaires *montrent :*

- *une hypercholestérolémie à 3,44 g/l avec CHDL à 2,26 g/l, CHDL/CT à 0,73 ;*
- *une triglycéridémie à 1,73 g/l et des lipides totaux à 13,2g/l ;*
- *une anémie à 8,7 g d'hémoglobine avec globules rouges à 3.590.000, hématocrite à 27%, valeur globulaire à 76 microns 3 avec numération et formule blanche normale ;*
- *une sidérémie à 52 µg/100 ml ;*

- *à l'électrocardiogramme, une bradycardie sinusale à 65 battements par minute, un bas voltage diffus et inversion sur l'onde T, surtout le précordium asymétrique en V1 V2 V3 AVL et V6 ;*
- *des 17 cétostéroïdes à 3 mg/24h ;*
- *des 17 hydroxystéroïdes à 0,5 mg/24h ;*
- *des protides totaux à 87 g/l sans dysglobulinémie (albuminémie à 48 g/l, alpha 1 globuline à 1, g/l, alpha 2 à 7,6 g/l, bêta à 9,1 g/l, gamma à 20,4 g/l) ;*
- *une glycémie à jeun à 3,10 g/l avec post prandiale à 2,74 g/l et glycosurie des 24 heures à 22,9 g ;*
- *une acuité visuelle à 4/10 à l'OD et 8/10 à OG ;*
- *au fond d'oeil une rétinopathie au stade I ;*
- *à la lampe à fente une cataracte en cavalier évoluant vers le centre du cristallin ;*
- *la créatininémie à 11 mg/l ;*
- *l'uricémie à 62 mg/l.*

<u>Au total</u>

1- *Hypothyroïdie périphérique thyroïdienne d'allure atrophique auto-immune ;*
2- *diabète pléthorique compliqué de cataracte en cavalier, de polynévrite hyporéflexique des membres inférieurs ;*
3- *Hypertension artérielle à 16/9 ;*
4- *Rétinopathie au stade I mixte hypertensive et diabétique ;*
5- *Ischémie sous épicardique antéroseptale et latérale haute latente.*

<u>Traitement</u>

Glucophage R associé au Diamicron* (3/2 comprimés) (2 comprimés).*
Extraits thyroïdiens 10 cg/jour.

<u>Evolution</u> *après onze années de traitement :*

- *l'hypothyroïdie est restée passablement équilibrée comme l'atteste le pouls à 64 pulsations par minute ;*
- *le diabète n'a pu être équilibré sous traitement oral et a nécessité une insulinothérapie qui maintient la glycémie à jeun à 1,80 g/l ;*
- *l'hypertension artérielle est stationnaire à 16/9 alors que l'hypercholestérolémie reste élevée à 2,80 g/l ;*
- *enfin les autres complications n'ont pratiquement pas évolué.*

OBSERVATION N° 20

Madame Kha. LE., 39 ans, après avoir subi une lobectomie en 1969 pour goitre multinodulaire remontant à 1965, consulte en 1973 pour récidive d'un goitre.

Elle présente des palpitations, une dyspnée sans limitation du périmètre de marche, une asthénie physique intense avec hypoacousie et frilosité. Il n'y a pas de troubles du transit intestinal; la voix est devenue un peu rauque ; il existe une dysphagie aux aliments solides et une notion de prise de poids non chiffrée.

Dans les antécédents, *en dehors d'une multiparité, il existe une notion de goitre chez une tante et chez 2 petites soeurs.*

A l'examen, *le poids est à 4 kg pour 1,67 m ; la pression artérielle à 11/6,5, le pouls à 80 battements par minute.*

Le corps thyroïde est très augmenté de volume au niveau du lobe gauche et de l'isthme comportant plusieurs nodules de taille variable, de consistance ferme, mobile par rapport à la peau et au plan profond et à la déglutition sans aucun caractère vasculaire.

Les bruits du coeur sont assourdis et le reste de l'examen est normal.

Les examens paracliniques *révèlent :*

- *une thyroxinémie à 4,8 µg/100 ml ;*
- *une iodémie thyroxinienne à 3,1 µg/100 ml ;*
- *un goitre multinodulaire hétérofixant à la scintigraphie thyroïdienne ;*
- *un réflexogramme dans les limites de la normale ;*
- *un laminage et un refoulement à droite de la trachée sans calcification à la radiographie du cou ;*
- *une cholestérolémie normale à 1,87 g/l avec HDL cholestérol à 0,61 g/l ;*
- *une hémoglobinémie à 11,2 g/100 ml avec 3,9 millions de globules rouges, hématocrite à 36% , formule blanche normale et sidérémie à 55 µg/100 ml ;*
- *un électrocardiogramme normal ;*
- *une prolactinémie à 119 µU/l ; (N entre 102 et 435) ;*
- *des 17 cétostéroïdes à 3,55 µg/24 heures et des 17 OH corticoïdes à 0,75 µg/24 heures ;*
- *une selle turcique normale à la radiographie ;*

Au total :

Hypothyroïdie post thyroïdectomie pour goitre hétéromultinodulaire compliqué de compression oesotrachéale.

Traitement :

Extraits thyroïdiens 5 cg : 1 comprimé par jour intervention chirurgicale selon protocole suivant :

- *"Cervicotomie en cravate de Kocher qui met en évidence un énorme lobe gauche refoulant la trachée à droite et ne retrouve pas de lobe droit absent.*
- *Exérèse de cette masse polylobée en laissant sur place le seul tissu thyroïdien situé eu sommet du lobe et à la base.*

Les suites opératoires ont été simples :

L'évolution est marquée par un traitement irrégulier et un mauvais équilibre de l'hypothyroïdie comme en témoigne le poids à 92 Kg malgré le pouls normal à 84 battements / minute après un suivi de 2 mois et demi.

OBSERVATION N° 21

Madame R.H., libanaise de 60 ans est hospitalisée pour asthénie, amaigrissement et ballonnement abdominal.

Le début remonte à quatre ans marqué par une fatigue lors des déplacements et des lombalgies mis sous le compte d'une ostéoporose et traités au calcium. Au cours de ce traitement, apparaissent une bouffissure du visage, un ballonnement abdominal avec sensation de pesanteur et suffocation en position assise ou couchée. En outre, une anorexie, un amaigrissement et une asthénie s'y ajoutent.

Les antécédents *ne montrent rien de particulier.*

L'examen clinique *retrouve un poids à 52 Kg, pour une taille de 1,50m, une pression artérielle à 16/9, une bradycardie à 64 bts par minute et des bruits du coeur assourdis. Le corps thyroïde n'est pas palpable. Les réflexes ostéotendineux rotuliens sont abolis avec hypotonie musculaire généralisée et la mobilisation des genoux est douloureuse.*

Les examens complémentaires *montrent :*

- *une thyroxinémie totale à 11,5 µg/100ml (N: 5,5 et 11,5) ;*
- *un T3 test à 28% (N : 25 à 35%) ;*
- *ITL à 3,2 (N : 1,5 à 3,4) ;*
- *T3 radioimmunologique à 0,5 µg/100ml (N: 0,6 à 2) ;*
- *une courbe de fixation basse (9% à H2, 9,5% à H6, 9% à H24) ;*
- *une glande thyroïde de taille normale mais peu active à la scintigraphie ;*
- *un réflexogramme achilléen normal ;*
- *une cholestérolémie à 2g/l avec triglycéridémie à 1,9g/l ;*
- *au télécoeur, une cardiomégalie globale ;*
- *à l'électrocardiogramme, un bloc auriculo-ventriculaire du 1er degré ;*
- *hémogramme normal ;*

Au total :

- *Hypothyroïdie périphérique probable fruste d'allure autoimmune.*
- *Ostéoporose commune.*

Traitement : *Extraits thyroïdiens 1cg par jour.*

Evolution favorable : *poids à 49 Kg et pouls à 80 bts/mn.*

OBSERVATION N°22

Madame D. M., originaire de Thiès, âgée de 40 ans est hospitalisée pour suspicion d'hypothyroïdie.

Le début remonte à cinq mois marqué par une asthénie, des céphalées, des Bourdonnements d'oreille et des crampes musculaires. Il s'y associe des larmoiements, une dysarthrie, une sensation de plénitude du visage et une constipation allant jusqu'à 10 jours.

Par la suite, sont apparues des régurgitations avec éructations et enfin des ronflements nocturnes.

Les antécédents *ne révèlent rien de particulier en dehors d'une multiparité.*

L'examen clinique retrouve une hypotension artérielle à 8,5/6 une bradycardie à 76 avec assourdissement des bruits du coeur, le visage un peu bouffi, une dépilation de la queue du sourcil et une macroglossie. Il n'y a pas de goitre.

Les examens complémentaires *révèlent :*

- *une thyroxinémie à 0,6 µg/100ml (N : 5,5 à 11,5) ;*
- *une iodémie throxinienne à 0,390 µg/100ml (N : 3,5 à 7,5)*
- *une courbe de fixation faible (4% à H3, 3% à H6, 1% à H24) et ne permettant pas de tracé scintigraphique.*
- *une hypercholestérolémie à 3,4 g/l avec lipidémie à 15 g/l ;*
- *un hémogramme normal et une protidémie à 8,1 g/l.*

Au total

Hypothyroïdie probablement périphérique autoimmune atrophique.

Traitement reçu :

- *Hydrocortisone 15 mg/jour pendant 8 jours*
- *Extraits thyroïdiens 3 cg/jour pendant 10 jours puis 5 cg les jours suivants.*

OBSERVATION N°23

Monsieur G. N., 62 ans, lébou, cultivateur, est hospitalisé pour toux, dyspnée et oedème des membres inférieurs.

Le début de la maladie est difficile à dater marquée par des oedèmes des membres inférieurs et de la face associés à une surdité bilatérale, une constipation chronique et ne frilosité.

Il s'y ajoute une toux spasmodique avec expectoration banale et une dyspnée avec douleur basithoracique droite. Enfin il existe des algies diffuses des membres inférieurs, de l'épaule droite et du rachis lombaire sans caractère inflammatoire.

L'examen clinique montre une pression artérielle à 16/11, un pouls à 56 battements par minute, une température à 36°5 et un poids à 60 Kg, il n'y a pas d'anémie.

La voix est rauque, la peau est sèche squameuse, avec oedème des membres inférieurs prenant le godet et bouffissure du visage prédominant aux paupières. Au lobe gauche de la thyroïde siège un nodule non inflammatoire de la taille d'une noix et mobile avec la déglutition.

Le choc de pointe n'est pas palpable, les bruits du coeur sont assourdis, réguliers avec un rythme à 56 battements par minute sans bruits surajoutés.

A l'hémothorax droit et à la base pulmonaire gauche siègent des râles bronchiques.

Il existe un foie cardiaque sans ascite.

La denture est défectueuse. Il existe une volumineuse hernie inguinale droite de la taille d'un pamplemousse expansive à la toux et réductible avec un orifice herniaire de 4 à 5 cm et un col herniaire normal.

Les examens complémentaires *montraient :*

- *une thyroxinémie indétectable ;*
- *un T3 test à 19,2% (N : 22 à 32) ;*
- *un index de thyroxine libre incalculable ;*
- *une iodémie thyroxinienne indétectable ;*
- *un TSH sérique élevé à 11,2 µg/ml (N inf. à 20);*
- *une fixation du radio nulle et une scintigraphie thyroÏdienne irréalisable ;*
- *un réflexogramme achilléen allongé à 400 ms ;*
- *une cholestérolémie à 2,10 g/l ;*
- *une énorme cardiomégalie en théière symétrique avec disparition de l'espace rétrocardiaque et une discrète scissurite droite apicolobaire au cliché thoracique ;*
- *à l'électrocardiogramme, le rythme est sinusal, régulier à 56 battements par minute avec hémibloc postérieur gauche, bloc de branche droit incomplet, une hypertrophie ventriculaire droite, un microvoltage diffus et des ondes T aplaties diffuses à tout le précordium ;*
- *à la ponction du nodule cervical antérieur thyroïdien, une absence de pus, de rares polynucléaires, des amas ressemblant à des globules de graisses (cytologie N°2910 Mme DOREMUS), des tissus nécrobiotiques aseptiques avec de nombreuses cellules spumeuses au frottis (anapath : N° B. 365/81. P. D. NDIAYE) et enfin un examen bactériologique négatif (N° L 120 2P) ;*
- *une hémoglobinémie à 11 g/100ml et un hématocrite à 32% avec 3.400.000 globules rouges et une formule blanche normale, une vitesse de sédimentation accélérée ;*
- *une glycémie et une azotémie normales.*

Au total :

1- *Hypothyroïdie périphérique probablement par thyroïdie atrophique compliquée d'un coeur myxoedémateux avec bloc de branche droit incomplet et hémibloc postérieur gauche ;*

2- *hernie inguinale droite non compliquée.*

Traitement :

Traitement déplétif par régime désodé et diurétique pendant 15 jours puis Extraits thyroïdiens 5 cg.

Evolution : *après 15 jours de traitement diurétique, l'oedème cardiaque a disparu, laissant un myxoedème patent ayant évolué favorablement avec au contrôle hormonal après trois mois et demi:*

T4 : 4,2 µg/100 ml (N : 5,5 à 11,5);
Iode thyroxinien : 2,7 µg/100 ml (N : 3,5 à 7,5);
Thyréostimulinémie : 9 ng/ml (N : 0,4 à 1).

OBSERVATION N° 24

Mademoiselle Di. Di., 21 ans, est admise pour douleurs abdominales.

Les douleurs abdominales remontent à quatre ans, siégeant à l'hypogastre irradiant aux flancs et ont un horaire nocturne. En outre, il existe une frilosité s'accompagnant d'asthénie physique permanente.

Les antécédents révèlent une notion de goitre et de nanisme chez le grand-père naturel.

A l'examen, *la température est à 36°, le pouls à 80 battements/mn, le poids à 30 kg pour 1,30 m, la peau est sèche. Il existe un goitre asymétrique multinodulaire débordant à gauche, mobile à la déglutition non douloureuse, ferme, de la taille d'une mandarine, non vasculaire et non inflammatoire.*

Enfin, il n'y a pas de pilosité pubienne, la vulve est atrophique avec des leucorrhées purulentes tandis que l'hypogastre est douloureux mais sans défense à la palpation.

Les examens complémentaires *montraient :*

- *une thyroxinémie à 1,5 µg/100 ml (N : 5,5 à 11,5) ;*
- *une iodémie thyroxinienne à 1,0 µg/100 ml (N :3,5 à 7,5) ;*
- *une triiodothyronine à 1,25 ng/ml (N : 0,6 à 2) ;*
- *une courbe de fixation normale avec un taux de 17% à la 3ème heure, 33% à la 6ème heure et 50% à la 24ème heure ;*
- *l'hémogramme normal ;*
- *un fer sérique à 80 mg/100 ml ;*
- *une protidémie à 8,3 g/100 ml avec albuminémie à 34%, alpha 1 globuline à 3%, alpha 2 à 13%, bêta à 10%, gamma à 40% ;*
- *une glycémie à 0,95 g/l et une azotémie à 0,20 g/l.*

Au total :

1- *Hypothyroïdie due à un goitre multinodulaire et compliquée de nanisme ;*
2- *Salpingite chronique probable.*

Evolution : *malade évadée.*

OBSERVATION N° 25

M. S.T., 37 ans, habitant la région du Cap-Vert, est hospitalisé le 22 mars 1983 pour dyspnée d'effort et oedèmes généralisés.

L'aspect et la disproportion entre l'âge et la taille du malade, le pouls à 39, la température à 36°, un psychisme juste passable associé à un nanisme disharmonieux nous ont orientés vers une affection thyroïdienne. L'examen clinique et paraclinique mettent en évidence une insuffisance cardiaque globale (ICG), avec un choc de pointe non visible ni palpable, une augmentation de l'aire de la matité cardiaque, des bruits du cœur assourdis et réguliers, un gros foie cardiaque avec reflux hépato-jugulaire un bas voltage généralisé à l'examen électrocardiographique et un gros cœur en « théière » à la radiographie. Il s'agit là d'un épanchement péricardique avec décompensation cardiaque globale. La peau est ouverte de xanthomes multiples. Le malade est aussi porteur d'une hernie de la ligne blanche sus ombilicale. Après confirmation biologique de l'hypothyroïdie suspectée cliniquement, il a été mis sous opothérapie progressive. Après un mois de traitement, nous assistons à une amélioration spectaculaire de l'ICG et à la disparition des xanthomes cutanés. Le bilan radiologique de notre malade nous a permis de mettre en évidence une ostéopathie hypothyroïdienne, de multiples calculs des voies urinaires cliniquement latents et une néphrocalcinose.

La recherche de l'étiologie de ces multiples calculs radio opaques nous révèle l'existence d'une acidose métabolique avec fonction rénale normale, sans trou anionique et d'une hypercalcémie. Les résultats des examens complémentaires figurent au tableau I.

Une douleur persistante de l'hypochondre droit dans ce contexte nous a fait suspecter la possibilité d'une lithiase vésiculaire qui a été confirmée par l'échographie et la cholécystographie.

<u>Tableau</u> : Examens complémentaires du malade

	Avant traitement	Après 3 mois d'opothérapie	1984	1985	1986
Calcémie	114 mg/l	95 mg/l	109 mg/l	105 mg/l	102 mg/l
Calciurie	107 mg/l	100 mg/l	-	-	-
Auto-anticorps anti-thyroglobuline	Positif au 1/80	-	-	-	-
Auto-anticorps anti – microsomaux	Positif au 1/100	-	-	-	-
17 OH CS	2,95 mg/24 h (N = 3-8)	-	-	-	-
17 cétos	3,85 mg/24 h (N = 10-30	-	-	-	-
Glycémie	0,80 g/l	0,90 g/l	0,70 g/l	0,80 g/l	-
Créatininémie	10 mg/l	12 mg/l	10 mg/l	15 mg/l	13,86 mg/l
Réserve alcaline	7,9 mEq	9,5 mEq	2,16 mEq	?	27
Fixation /^{1321}	Nette hypofixation	-	-	-	-
PTH	23 mg/l (N = 20-45)	-	-	-	-
25 OHD	14,8 ng/l (N = 5-30)	-	-	-	-
Réflexogramme achilléen	310 ms	-	-	-	-
Echographie	Thyroïde en place. Lithiase vésiculaire	-	-	-	-
Lipides totaux	10 g/l	7 g/l	8 g/l	-	-
Chlestérol	2,60 g/l	1,70 g/l	1,65 g/l	-	-
T_3 test	Normal	-	-	-	-
TSH	189 mU/l	-	-	-	-
Thyroxine totale	T 19 nmol/l (N = 80-140)	Valeurs normales	-	-	-
TTL T_4 libre	3 µg/dl (N = 14-45)		-	-	-

Deux interventions chirurgicales successives ont permis d'extraire les calculs urétéraux calciques (cinq à gauche, deux à droite) et le calcul vésiculaire cholestérolique, et de faire la cure de la hernie ombilicale.

Au cours de l'intervention sur les voies biliaires, le chirurgien découvre fortuitement un « kissing ulcer » du bulbe duodénal pour lequel il pratique une vagotomie tronculaire.

Les suites opératoires ont été simples et le malade se porte bien actuellement sous opothérapie et alcalinisation discontinue.

ETUDE EVOLUTIVE PHARMACOLOGIQUE

II – MATERIELS ET METHODE

II.a – Matériel

Notre étude porte sur 52 patients ayant une hypothyroïdie primaire, suivis et régulièrement traités dans le Service de Médecine Interne Nutrition Endocrinologie de l'Hôpital Lariboisière, durant 12 mois.

Parmi ces patients, 47 sont des femmes et 5 des hommes. Dans l'ensemble, l'âge varie entre 23 et 80 ans (56,52 $\pm$ 13,85 ans : moyenne $\pm$ SD) et chez les hommes entre 49 et 72 ans, soit 66,60 $\pm$ 8,70 (moyenne $\pm$ SD).

31 de nos patients ont reçu de la Lévothyroxine (LT4), comprimé de 50 ou 100 µ ou gouttes de Lévothyroxine : Groupe I.

21 autres patients ont reçu de la lévotriiodothyronine (LT3) et de la Lévothyroxine (LT4 + LT3) comprimé : Groupe II.

Selon l'étiologie de l'hypothyroïdie, les patients se répartissent comme suit : (Tableau I) :

- 18 maladies d'Hashimoto ;
- 14 myxœdèmes ;
- 4 goitres, 10 thyroïdectomies sub-totales (pour thyroïdite : 2c as ; goitre : 4 cas) ou totales (pour cancer papillaires de la thyroïde : 2 cas ; adénome vésiculaire : 1 cas ; lymphome thyroïdien : 1 cas) ;
- 1hyperthyroïdie traitée par Iode radioactif depuis plus de 2 ans.

Les affections associées à l'hyperthyroïdie sont :

- dans les maladies d'Hashimoto : 2 cas de cancer du sein, 1 cas d'hyperparathyroïdie ;
- dans les myxœdèmes : un cas de diabète, un cas d'hypertension artérielle, un cas d'adénome thyréotrope réactionnel, un cas d'anémie hémolytique transitoire, un cas d'épilepsie, un cas de sérologie lupique positive, un cas de lithiase biliaire, un cas de polykystose rénale ;
- dans les thyroïdectomies : 2 cas de diabète, 1 cardiomyopathie non obstructive ;
- dans les maladies de Basedow opérées : un cas d'hypertension artérielle.

Il n'y a pas de pathologie associée aux cas d'hyperthyroïdie traitée par l'Iode radioactif.

Enfin, signalons que nous n'avons pas retenu de patients traités par triiodothyronine seule ou par extraits thyroïdiens.

II.b – **Méthodes**

b.1 – Les différents paramètres suivants ont été mesurés chez nos 52 patientes :

- le poids, la pression artérielle, le pouls, la surface corporelle (estimée selon la table de BOOTHBY et SANDIFORD[1] ;
- la cholestérolémie, la triglycéridémie, la phospholipidémie, la HDL cholestérolémie ;
- la thyroxinémie totale et la triiodothyronine totale dosées par radio-immunologie en utilisant des trousses commerciales BERHING ; Zone normale : T4T : 4,5 à 11 µg/dl ; T3T : 60 à 190 %g/dl ; T4T x 10 TBG définit l'index de thyroxine libre dans notre laboratoire – zone normale : 3,1 à 5,5 ;
- les fractions libres de thyroxine (Ft4) et de triiodothyronine (Ft3) ont été dosées par radio-immunologie en utilisant des trousses commerciales des Laboratoires AMERSHAM (AMERLEX MAGNETIC) ; zone normale : Ft3 2,0 à 5,6 pg/ml : fT4 : 6,0 à 19,0 pg/ml ;
- la TSH a été dosée par méthode de radio-immunométrie (IRMA) à l'aide de trousses commerciales des Laboratoires BERHING. Avec cette méthode, on considère que la TSH est normale entre 0,2 e4,5 µUI/ml ;
- le test au TRH a été effectué par l'injection de 200 µg de Stimu Thyréolibérine Roche et le dosage de la TSH aux prélèvements des temps 0 et 30 minutes après l'injection.

Pour l'interprétation du test, nous tenons compte de la différence entre le taux de TSH au temps zéro et trente minutes. Cette différence appelée Δ est une réponse insuffisante, quand elle est inférieure à 4 µUI/ml. Nous avons retenu un Δ de 20,5 µUI/ml comme la limite supérieure au-delà de laquelle une hypothyroïdie périphérique est affirmée (19).

Nos 52 patients n'ont subi le test au TSH que quand leur TSH de base s'est avérée inférieure à 10 µUI/ml.

Après le maintien de la même dose durant 2 mois effectifs, un bilan complet, comme décrit ci-dessus a été effectué ; puis la dose a été augmenté d'un demi à un quart de comprimé jusqu'à ce que le Δ soit inférieur à 4 µUI/ml, puis la dose a été réduite toujours d'un quart à un demi-comprimé tout juste jusqu'à ce que le Δ soit supérieur à 4 µUI/ml.

Ainsi, 92 tests au TRH ont été effectués à différentes doses de LT4 ou LT4 + LT3 sans que les patients n'aient changé de type de médicaments ; le test a été effectué 4 fois chez 2 patients, 3 fois chez 10 patients, 2 fois chez 14 patients et 1 fois chez 16 autres patients.

III -RESULTATS

III.A – **Résultats globaux**

a –**Les doses**

1. Les doses totales

Aucune différence significative n'est observée entre les doses totales moyennes dans les 2 sous-groupes sous LT4 (122,25 ± 36,17 en moyenne ± SD) quand le Δ TSH est inférieur à 4 µUI/ml et (119,95 ± 33,47 en moyenne ± SD) quand le Δ de TSH est supérieur à 4 µUI/ml.

[1] BOOTHBY and SANDIFORD, Normogram for the determination of body surface area of children and adults, Boston MSJ, 1921, pp. 185-337.

De même, dans le groupe II, les doses totales se situent dans les mêmes limites (93,0 $\pm$ 49,90 en moyenne $\pm$ SD) quand le Δ de TSH est supérieur à 4µUI/ml et (118,67 $\pm$ 43,5 en moyenne) quand le Δ TSH est inférieur à 4 µUI/ml.

Enfin, nous notons que les moyennes des doses totales des patients ayant un Δ TSH inférieur à 4 dans le groupe I comparativement à celles du groupe II ne présentent pas de différence significative.

2. Les doses/kg de poids corporel

Nous ne notons pas de différence significative entre les moyennes des doses/kg /j dans les cas où le Δ TSH est inférieur ou supérieur à 4 µUI/ml bien que les doses varient de 0,76 à 4,17 µg/kg/j (moyenne $\pm$ SD : 1,82 $\pm$ 0,54) dans le groupe I.

Il en est de même dans le groupe II où, quand le Δ TSH est inférieur à 4, la dose par kg/j (moyenne $\pm$ SD : 1,77 $\pm$ 0,66) ; ou dépassant 4 µUI/ (moyenne $\pm$ SD : 1,51 $\pm$ 0,75).

Une différence significative n'est pas observée entre les moyennes des doses par kg/j quand le Δ TSH est inférieur à 4 µUI/ml dans le groupe I comparé au groupe II.

3. Les doses par m² de surface corporelle/j

Les moyennes des doses par m² de surface corporelle/j ne diffèrent pas de manière significative quand le Δ TSH est supérieur ou inférieur à 4µUI/ml, dans le groupe I (moyenne $\pm$ SD : 72,22 $\pm$ (19,96) et (moyenne $\pm$ SD / 74 ,39 $\pm$ 26,51) respectivement.

Dans le groupe II, nous faisons les mêmes constatations : la dose/m²/j (moyenne $\pm$ SD / 58,15 $\pm$ 30,97) quand le Δ TSH est supérieur à 4 µUI/ml alors que les doses/m²/j (moyenne $\pm$ SD : 69,44 $\pm$ 25,32) dans le cas où le Δ TSH est inférieur à 4 µUI/ml.

b - La cholestérolémie ne connaît pas de variation significative selon le Δ TSH ou selon le type de médicament.

c – La fréquence cardiaque varie significativement dans le groupe II selon le Δ TSH (moyenne respective de 67,42 $\pm$ 9,34 et 55,25 $\pm$ 8,69).

d – La T3 totale ne connaît pas de différence significative ni selon le Δ TSH ni selon le groupe médicamenteux.

e – La T4 totale ne diffère significativement dans les sous-groupes médicamenteux que quand le delta TSH est inférieur à 4 µUI/ ml.

La fT3 varie significativement que dans le groupe II , selon le delta TSH ; la fT4 ne diffère de manière significative que dans le groupe II selon le Δ TSH et entre les groupes I et II.

Le Δ TSH varie de 0,9 à 40,2 µUI/ml (moyenne de 7,67 µUI/ml) dans le groupe I et de 0,6 à 38,2 µUI/ml (moyenne de 4,30 µUI/ml).

B – SYNDROME D'HYPERFONCTIONNEMENT DE LA THYROIDE

II – METHODOLOGIE

Cette étude est rétrospective : 142 cas de Maladie de Basedow de 1989 à janvier 1992 sont comparés à 28 autres cas de 1978 à 1981. Les facteurs étudiés sont prioritairement étiologiques, ensuite cliniques et évolutifs.

III - RESULTATS

Dans les résultats globaux, 126 des 142 cas de Maladie de Basedow sont féminins, soit 88% contre 82,14% en 1978-1981. Le sex ratio et donc passé de 5/1 à 8/1.

L'étude analytique est comparative portant sur les cas féminins des deux périodes et révèle certains facteurs étiologiques :

- Age : le pic se situe entre 25 et 45 ans ; 52 puis 64,34%.
- Origine : les sub-urbains (28,7 puis 54,2%) et les ruraux (9,5 puis 10,8%) augmentent au détriment des citadins (61,9 puis 54,9%).
- Niveau social : 60% puis 56,8% sont des femmes au foyer ; le nombre de célibataires (15,5 puis 36%) et de divorcées (15,4 puis 16,6%) progresse. Le niveau d'instruction est satisfaisant (41,6 puis 50%)/
- Stress : les conflits familiaux dominent (72,7 puis 65,2%) mais les difficultés économiques apparaissent (0% puis 15,2%). Les troubles psychiatriques ne sont inauguraux que chez 1,58%.

Dans les aspects cliniques et évolutifs :

- La thyrotoxicose (69,5 puis 83,3%), le goitre (74 puis 81,7%) et l'exophtalmie (65,2 puis 66,6%) dominent. La paraclinique a été à peine utile dans la majorité des cas.
- Le traitement médical (Carbimazole ou Basdène $\pm$ bêta-bloquants), méthode de choix, évite entre autres les risques de la chirurgie. La durée moyenne du traitement est inférieure à 6 mois dans 52%.
- L'évolution : une hypothyroïdie sous traitement est notée chez 12,2% entre 3 et 17 mois ; le taux de récidives (7,14%) est faible.

ETUDE EVOLUTIVE : CARDIOTHYREOSE

II – <u>MATERIEL ET METHODES</u>

Le cadre d'étude est le Service Centre Médical Marc SANKALE du Centre Hospitalier Universitaire de Dakar. La période d'étude s'est étendue du 9/01/1995 au 13/07/1998 et a concerné 888 dossiers comportant 516 hyperthyroïdies. Les cas de cardiothyréoses ont été inclus selon les critères suivants :

1) Hyperthyroïdie clinique et biologique

T3 RIA élevé (N : T3 libre N = 1,2 à 3,4 nmol/l)

T4 RIA élevé (N : T4 libre N = 64 à 141 nmol/l)

TSH IRMA bloquée (N : 0,2 à 3,5 µUI/l)

2) Cardiothyréose avec à la première présentation diagnostique soit :
   - Insuffisance cardiaque clinique et/ou radiologique électrique
   - Fibrillation auriculaire électrique
   - Tachysystolie clinique avec un pouls supérieur à 120 par minute

L'analyse s'est faite suivant des critères socio-démocraphiques (âge, sexe, résidence, profession, ethnie) et clinique (données fonctionnelles, éléments physiques et évolutifs).

III – <u>RESULTATS</u>

A – <u>Aspects globaux</u>

170 cas de cardiothyréoses ont été observés sur 516 dossiers retrouvés d'hyperthyroïdie soit une prévalence de 32,94%.

Dans la socio-démographie, 9,4% (n = 16) sont des hommes et 90,6% (n = 154) des femmes. L'âge médian global est de 34 ans 10 mois (extrême de 10 à 70 ans) avec chez les hommes une médiane de 35 ans 11 mois (extrême de 20 à 68 ans)e t chez les femmes une médiane de 34 ans 9 mois (extrême de 10 ans à 70 ans). La tranche d'âge la plus concernée est comprise entre 21 et 40 ans regroupant 60,15% des cas (n= 101) dans l'ensemble. Ce profil est plus prononcé dans le sexe masculin (68,75% ; n= 11) que dans le sexe féminin (59,25% ; n = 90). Le milieu d'origine des patients est semi-urbain dans 66,47% (n = 113) et d'égale répartition entre les urbains (16,47% ; n= 28) et les ruraux (17,06% ; n = 29).

Les professions concernées sont le niveau inférieur essentiellement 54,7% (n = 92) contre 5,4 (n = 9) de niveau moyen et 0,6% (n = 1) de niveau supérieur. Les femmes au foyer représentant 39,3% (n = 66). La répartition ethnique est ainsi faite : wolofs : 52,3% (n = 89), Sérères : 19,4% (n = 33), Peulhs : 14,7% (n = 25), Groupe Diolas, Mandjaques, Balantes, Koniagui : 4,1% (n = 7), Groupe Mandés Bambaras, Malinkés, Socés, Dioulas, Soninkés : 3 ,6% (n = 6). A noter des Maures : 4,7% (n = 8), des Coroboros : 0,6% (n = 1), des Sonrhaïs : 0,6% (n = 1).

L'étude clinique permet de distinguer 42 insuffisances cardiaques (24,7%) ; 12 fibrillations auriculaires (7,1%), 116 tachysystolies (68,2%).

B – <u>Analyse socio-démographique</u>

Selon le sexe, le ratio homme-femme est très largement en faveur de ces derniers. 12/88 en cas d'insuffisance cardiaque ; 0/100 en cas de fibrillation, 9,5/90,5 en cas de tachysystolie. La fibrillation est exclusive aux femmes. Si nous comparons les pics d'incidence des différentes cardiothyréoses, nous constatons que celui-ci est plus précoce en cas d'insuffisance cardiaque : 26,20% (n = 11) dans la tranche 21-30 ans, alors que 50% (n = 6) des fibrillations surviennent entre 31 et 40 ans et 31,6 des tachysystolie (n = 37) dans cette dernière tranche d'âge.

Il existe un gradient dans l'âge médian : 32 ans 3 mois dans des tachycardies supraventriculaire, 39 ans 8 mois dans les insuffisances cardiaques et 43 ans 6 mois dans les fibrillations auriculaires. En fait, les femmes en insuffisance cardiaque et celles qui ont une tachycardie supraventriculaire ne diffèrent pas quant à leur âge médian : 32 ans 9 mois versus 32 ans 4 mois. En revanche, celui des hommes montre une précocité de la tachysystolie : 31 ans 4 mois contre 46 ans en cas d'insuffisance cardiaque.

Quant à l'origine géographique, la prédominance des semi-urbains progresse en palier de près de 9% quand on passe des tachysystolies (62,4% ; n = 73) aux insuffisances cardiaques (71,43% ; n = 30) puis aux fibrillations auriculaires (83,3% , n = 10). Or, il n'y a pas de fibrillation d'origine urbaine avec une progression de 9% en cas d'insuffisance cardiaque et (9,32% ; n = 4) puis en cas de tachysystolie (20,7% ; n = 24). La situation des ruraux est quasi constante : 19,05% en insuffisance cardiaque, 16,7% en fibrillation et 16,44% en tachysystolie.

La profession montre que seule la tachysystolie concerne le niveau supérieur : 0,8% (n = 1) et que la fibrillation est l'apanage exclusif des professions de niveau inférieur et des femmes au foyer avec une quasi égale répartition (respectivement 45,5% ; n = 5 ; 54,5% ; n = 6).

C – <u>Analyse clinique</u>

Les palpitations sont constantes en cas de fibrillation (100% ; n = 12) et ne concernent respectivement que 64% (n = 74) des tachysystolies à 57% (n = 24) des insuffisances cardiaques.

L'exophtalmie est deux fois plus rare en cas d'insuffisance cardiaque (19% ; n= 8) qu'en cas de fibrillation (42% ; n = 5) ou en cas de tachysystolie (44% ; n = 51). La dyspnée est suggestive de fibrillation (50% ; n = 6) ou d'insuffisance cardiaque (45% ; n = 19) que de tachysystolie.

La dysphagie (25% ; n = 3) est plus suggestif de fibrillation que d'insuffisance cardiaque (2,5% ; n = 1) ou de tachysystolie (1,7% ; n = 2).

Dans l'examen général, le pouls médian à 109,9 est plus faible en cas d'insuffisance cardiaque qu'en cas de fibrillation (126) ou de tachysystolie (126,8) alors que l'indice de masse corporelle varie d'un point en faveur des insuffisances cardiaques (21,9) par rapport aux fibrillations (20,3) et aux tachysystolies (20,3).

L'ancienneté de la maladie est plus importante en cas d'insuffisance cardiaque (36,2 mois) qu'en cas de fibrillation (16,9 mois) ou de tachysystolie (16,95 mois). Toutefois, la durée de survie des fibrillations est plus prolongée (26,5 mois) qu'en cas d'insuffisance cardiaque (21,5 mois) ou de tachysystolie (21,13 mois).

L'examen physique thyroïdien montre que le goitre exophtalmique est quasi-constant dans 1/3 des cas : 33,3% des cas (n = 4) dans les fibrillations, 33,7% (n = 15) dans les insuffisances cardiaques, 53,4% (n = 62) dans les tachysystolies.

D – <u>Analyse hormonologique</u>

<u>Tableau N° 1</u> : Hormonologie (Valeurs médianes)

Nature de la cardiothyréose Hormone	Fibrillation Auriculaire	Insuffisance Cardiaque	Tachysystolie
T_3 nmol/l	5,286	7,219	7,244
T_4 nmol/l	243,413	268,95	277,312
TSH us	0,08	0,18	0,16

E – <u>Analyse cardiologique</u>

L'hypertrophie ventriculaire gauche (n = 16), l'insuffisance mitrale (n = 20), l'insuffisance cardiaque globale (n = 17) constitue des modes d'expression les plus fréquemment prédominantes dans l'insuffisance cardiaque (n = 42).

Quant à la fibrillation auriculaire, la tachyarythmie type extrasystolique (n = 5) et la simple tachyarythmie (n = 6) en constituent les principales manifestations. La tachysystolie était isolée et égale à 120 dans 50 cas et comprise entre 120 et 180 dans 46 cas.

D – SYNDROME TUMORAL: GOITRE MULTINODULAIRE EUTHYOIDIEN

(Discussions de la signification et du rôle de la socio-démographie, âge et sexe dans l'étiologie de 63 cas dakarois)

La plupart des goitres, en y incluant les nodules solitaires, pouvaient être classés comme goitres multinodulaires. En fait, depuis un siècle, si le goitre multinodulaire a été attribué à la carence iodée, force est de reconnaître que ce concept doit être revu ne serait-ce que du fait que l'affection est encore fréquente dans des pays où pratiquement ne sévit plus la carence iodée. Des différences importantes héréditaires, métaboliques et fonctionnelles entre les thyrocytes individuels à partir desquels de nouveaux thyrocytes sont générés expliquent l'hétérogénéité spectaculaire fonctionnelle et structurale des goitres multinodulaires. La carence iodée ne constitue qu'un facteur surimposé dans l'épidémiologie de cette affection, d'où l'intérêt d'en discuter les aspects socio-démographiques buts de ce présent travail d'autant qu'en définitive, l'incidence des nodules froids malins dans le goitre multinodulaire (9,78%) ne diffère pas de celle dans les nodules solitaires (8%).

RESULTATS, DISCUSSION ET POINTS FORTS : 58 femmes étaient atteintes contre 5 sujets seulement de sexe masculin. La répartition selon l'âge était quasi-égale (13 patients de 20 à 30 ans ; 14 autres de 30 à 40 ans ; 17 autres de 40 à 50 ans ; 14 autres entre 50 et 60 ans et enfin 5 entre 60 et 70 ans). La profession parmi les femmes montrait que 47 étaient des femmes au foyer avec une activité ménagère ; seuls 3 exerçaient la couture ; 3 autres, le secrétariat ; 3 autres étaient enseignantes et 2 autres avaient une activité de commerçante. Pour les hommes, les professions concernées étaient un cas de couturier, un cas de chauffeur, un cas de cultivateur un technicien et un retraité. L'origine géographique précisant la résidence comportait 13 de provenance urbaine et 50 d'origine semi-urbaine sans aucune provenance du milieu rural. L'imagerie a confirmé 5 cas masculins de goitre multinodulaire et 53 cas féminins. L'échographie confirme 2 cas masculins et 26 autres cas féminins. Les femmes ont un âge moyen de 47 $\pm$ 11,31 ans avec une médiane de 40,6 ans et des extrêmes de 20 à 65 ans. Les hommes ayant un âge moyen de 39,6 $\pm$ 17,5 ans avec une médiane de 34 ans et des extrêmes de 22 à 68 ans.

La survenue d'une hyperthyroïdie et d'un cancer de manière concomitante s'observe dans 3,9% des goitres multinodulaires toxiques avec un sex ratio de 2 femmes contre 8 hommes alors que dans le nodule unique toxique, la prévalence est de 4,4% et le sex ratio de 7 femmes pour 1 homme, fait suggérant que le sexe masculin est un facteur de risque dans les goitres multinodulaires pour la survenue notamment d'une néoplasie maligne. Dans notre série, il y a autant d'euthyroidiens que d'hyperthyroidiens chez les femmes ; les rares hommes tous sont euthyroïdiens. De nos jours l'adénome toxique et le goitre multinodulaire sont des formes courantes de thyrotoxicose dans le monde entier. Et déjà, à Libreville, 6,6% des maladies thyroidiennes sont des goitres multinodulaires toxiques. En fait, les progrès récents de la biologie moléculaire et de la génétique ont conduit à de nouvelles visions dans la pathogenèse du goitre multinodulaire et ce n'est pas sans arrière-pensée que certains auteurs ont parlé de maladie de Plummer disséminée. De fait, 30,8 à 80% des cancers thyroïdiens anaplasiques (donc hautement agressifs) sont d'anciens goitres multinodulaires.

L'incidence de la malignité dans le nodule unique était de 9,7% et dans le goitre multinodulaire non toxique de 4,3%. Cependant, force est de reconnaître que 10 ans après, l'incidence du carcinome chez 96 patients ayant un nodule froid solitaire était estimée à 17% alors que 69 patients ayant cliniquement un goitre multinodulaire, présentaient une incidence de 13% de carcinome. L'étude faite à Zaria va dans ce sens avec 245 goitres multinodulaires opérés pour des raisons cosmétiques, présentant de façon insoupçonnée une malignité dans 50 ans (20% des échantillons) dont 26 études folliculaires et 20 du type papillaire. En Malaisie, une série rétrospective de 107 patients ayant un goitre multinodulaire, comportait 7,5% de carcinome dominé par la forme papillaire. En Arabie Saoudite, sur 3 ans, 614 patients dont 45% de nodules solitaires et 44% de goitre multinodulaire et 11% de goitre diffus, ont permis de montrer un passage à 70% de multinodularité en per-opératoire avec 10% de néoplasie dans les cas multinodulaires dont 75 de type papillaire.Le sex ratio de 3,2 femmes pour 1 homme dans le carcinome survenant durant le goitre multinodulaire fait dire que le sexe masculin est exposé à la malignité.

Le goitre multinodulaire est plus fréquent dans les formes folliculaires de cancer thyroïdien (47% contre 25% ; $p = 0,02$) laissant affirmer que sa présence dans les cancers différenciés suggère que dans les zones d'endémie goitreuse, l'attitude chirurgicale devant le goitre multinodulaire et le nodule solitaire doit être similaire. Le cancer thyroïdien était associé au goitre multinodulaire dans plus de 50% des cas en Belgique. Le rôle de l'âge est diversement apprécié, 14,7% contre 7,5% avant et après 21 sans différence significative suggérant de l'intérêt pour la ponction à l'aiguille fine. Le nombre de nodules chez la femme se caractérise par la représentation des différents chiffres de 2 à 7 avec un pic maximal pour 2 nodules dans notre série. Ce fait pourrait témoigner d'un continuum entre le nombre minimal jusqu'aux extrêmes, d'autant que le petit groupe de sexe masculin est quasi-également représenté dans les chiffres extrêmes de 2 et 7 nodules. L'étude de 148 patients à partir de 47 familles ayant un cancer médullaire de la thyroïde familiale sans mutation de la cystéine, 43,4% présentait un goitre multinodulaire et un taux basal de carcitonine élevé avec une avancée au moment du diagnostic et davantage de foyers multifocaux de cancers médullaires thyroïdiens que ceux qui avaient une mutation à l'exon 10 sans différence dans la taille, la bilatéralité, la présence d'hyperplasie des cellules C ou de nodules métastatiques. L'usage de la ponction à l'aiguille fine a montré que la malignité totale avait un taux de 5% dans les nodules de goitre multinodulaire, risque comparable à celui du nodule solitaire faisant considérer la possibilité d'une malignité thyroïdienne chez les patients ayant un goitre multinodulaire. Les anomalies thyroïdiennes sont plus fréquentes chez l'adulte jeune entre 20 et 40 ans (67,4%) et de sexe féminin (83%), revêtant une forme diffuse goitreuse (76,3%) et la plupart du temps multinodulaire ou hétérogène avec nécrose et hémorragie.

Le goitre multinodulaire est la forme la plus observée (76%) des maladies thyroïdiennes associées à l'hyperparathyroïdie dans une étude de 50 cas constitutifs opérés dans laquelle 28 patients avaient une thyréopathie dont 20 (71%) étaient détectés en pré-opératoire et 8 (29%) pendant la procédure opératoire. La moyenne d'âge de ces patients était de 61 $\pm$ 13 ans et y prédominaient les femmes post-ménopausées. Ce fait est à rapprocher à ce que la femme ayant un goitre multinodulaire qui devient fonctionnellement autonome, a un risque de développer une ostéoporose même si les concentrations d'hormones thyroïdiennes sont dans les limites de la normale. Les goitres multinodulaires apparaissent plus que jamais comme une entité hétérogène ; mais surtout de nos jours leur pathogenèse est reconnue comme maligne (de la forme folliculaire à la forme anaplasique) sans négliger son étiologie aux dépens des cellules C parafolliculaires ou des glandes parathyroïdiennes. Le rôle du médecin réside donc dans une attitude pluridisciplinaire de prise en charge diagnostique de ce type de goitre.

LE SYNDROME TUMORAL EXTRA THYROIDIEN MALIN

La médecine prédictive est essentiellement probabiliste à l'inverse de la médecine préventive qui est souvent de masse. A l'occasion d'une septicémie à streptococcus bovis révélant en même temps un coma hyperosmolaire chez une porteuse de cancer du colon, nous faisons ce bref commentaire.

Une observation médicale personnelle nous permet de nous conformer à un souci classique qui est de s'intéresser aux relations entre le système digestif et le diabète. Au-delà du caractère anecdotique se dégage un aspect didactique qui justifie cette réflexion d'assistanat-résidanat du 2 avril 1984 à octobre 1986 à l'Hôpital Lariboisière.(Tableau N° I).

A	Urgence extrême, ramené par le SAMU, après effraction de la porte pour disparition inexpliquée de plusieurs jours (selon les voisins de l'immeuble).
B	Femme de 63 ans vivant seule avec son chien.
C	Taille 1,75 m environ, poids estimé à 85 kg.
D	Coma fébrile, déshydratation intra et extra cellulaire, hyperglycémie majeure, hyperosmolarité.
E	Diabète non insulinodépendant, sans anomalie micro ou macroangiopathique.
F	Facteur déclenchant : septicémie à streptococcus bovis.
G	Côlonoscopie découvre un cancer du colon opéré avec succès.

<u>Annexe</u> : Biologie d'une déshydratation sévère dans un diabète insulino-requérant déséquilibré chez une dame dakaroise de 38 ans.

(Glycémie à jeun : 9,63 g/l , Urée : 0,70 g/l ; Créatinine : 24,4 mg/l ; Chlore 89 mEq/l ; Sodium : 127 mEq/l ; Potassium : 3,2 mEq/l ; Clairance de la créatinine : 19,34 ml / mn ; Osmolarité effective : 313,9 mOsm/l).

Ce coma hyperosmolaire déclenché par une septicémie à streptococcus bovis, a révélé un cancer du colon asymptomatique guéri chirurgicalement.

SYNDROME TUMORAL EXTRA THYROIDIEN BENIN

II – OBSERVATIONS DE M. Si. Ba., 65 ans

Il a été hospitalisé pour bilan d'un diabète et d'un craniopharyngiome avec comme antécédents médicaux : un glaucome familial avec cécité quasi-complète ; diabète post-pancréatite chronique calcifiante sous insulinothérapie depuis 1993, insuffisance pancréatique exocrine, hypertension artérielle, tumeur hypophysaire évoquant plus un craniopharyngiome qu'un macro adénome, découverte de façon fortuite sur un scanner effectué pour un Accident Ischémique Transitoire (AIT) en juin 2001. Hospitalisation en endocrinologie à la Pitié du 10 au 13/06/02 : taille 5 cm, avec compression chiasmatique et cécité quasi-complète. Le bilan hormonal en août 2001, retrouve une insuffisance corticotrope, gonadotrope, une hyperprolactinémie de déconnexion et un diabète insipide.

Le diabète était très mal équilibré et compliqué d'une insuffisance rénale avec protéinurie, sans rétinopathie au fond d'œil. Le patient avait été récusé pour la chirurgie par le Service Neurochirurgicale de La Pitié-Salpétrière. Il a des antécédents familiaux de diabète. Son mode de vie est celui d'un patient sénégalais, vivant à Dakar mais comptant s'installer en France, (Carte de séjour de six mois, vit avec sa femme et sa fille à Paris) après avoir exercé en France de 1964 à 1973 ; ne déclare aucune intoxication alcoolo-tabagique. Le patient consulte en omettant de dire qu'il a déjà été exploré à La Pitié-Salpétrière. Donc hospitalisé pour bilan. Le traitement à l'entrée comporte : Créon : 12-25-12 ; Hydrocortisone : 10 : 1-0-1 ; Mixtard 30 : 11-0-6 ; Amlor 10 : le matin ; Minirin : ½-0-1/2 ; Xalatan : 2 gouttes x 2/j ; Trusopt : 1 x 3j. Un examen clinique montre : Poids : 54 kg pour 161 cm ; BMI 21 (+10 kg depuis un an) ; TA : 14/8 ; Examen cardiovasculaire : souffle systolique 3/6ème à tous les foyers ; pouls périphériques présents, pas de souffle ; Neuropathie sensitive ; Abdomen : RAS ; pas de céphalée ; acuité visuelle réduite à la perception lumineuse ; hypogonadisme avec volume testiculaire très diminué ; incontinence urinaire. Aux examens complémentaires : NFS : microcytoses à 78 sans anémie ; Insuffisance rénale à 38 ml de clairance 134 µmol/l avec protéinurie 0,6g/24 h composée majoritaire d'albumine ; Hb A1c : 14% ; Electrophorèse des protides normale ; LDL cholestérol 2,76 g/l – HDL 0,42 g/l – Triglycérides 2,24 g/l sans traitement ; ECBU normal ; pas de syndrome inflammatoire ; Ferritine : 110 mg/ml ; Bilan hépatique, amylase, lipase : normaux ; Fer sérique diminué à 5 µmol avec ferritine normale.

Au bilan hormonal : Test au Synacthène négatif : 150 nmol/l ; PRL : 32 ng/ml ; FSH-LH et testostérone effondrées (testostérone bio-disponible : 0,1 nmol/l) ; T4 basse : 7,1 pmol/l avec TSH non augmentée à 1,69 ; ECG : Hypertrophie ventriculaire gauche – Hémibloc antérieur gauche ; Dinamap : systolique entre 11 et 15 ; PEV : il semble persister une fonction visuelle, cependant mauvaises conditions car absence de flash ; Radio du Thorax normale ; IRM : volumineux processus expansif sellaire à développement supra-sellaire, à double composante kystique et charnue, mesurant 22,5 x 19 x 25 mm. Ce processus engaine le chiasma optique et est à l'origine d'une hypercéphalie téra-ventriculaire ; Fonds d'œil : pas de rétinopathie diabétique ; acuité visuelle réduite à la perception lumineuse.

Dans l'évolution, on note un probable craniopharyngiome de 5 cm avec insuffisance corticotrope, gonadotrope et thyréotrope. La fonction visuelle est très altérée. Prévoir de nouveaux PEV ainsi qu'un avis chirurgical. On débute la substitution thyroïdienne. Par ailleurs, diabète de type 2 très mal équilibré avec insuffisance rénale d'origine probablement mixte ; HTA mal contrôlée et dyslipidémie non traitée. Statine à introduire à la prochaine consultation. Il n'y a pas de diabète insipide franc retrouvé pendant l'hospitalisation, on réduit le minirin. Le traitement de sortie comporte : Hydrocortisone : 10 mg : 2-1-0 ; Minirin 0,2 : ½ cp le soir ; Lévothyrox : 25 µg le matin ; Rénitec : 20 mg le matin ; Lexomil ¼ au coucher ; Collyre Xalatan : 2 gouttes x 2/j dans les deux yeux ; Trusopt : 1 goutte x 3/j dans les deux yeux ; Créon : 12.000-25.000-12.000 ; Humalog Mix 25 : 16-0-8U/j.

Au total : Patient de 64 ans, d'origine sénégalaise. Craniopharyngiome avec insuffisance corticotrope, thyréotrope et gonadotrope, sans vrai diabète insipide. Diabète secondaire à une pancréatite chronique éthylique, avec insuffisance rénale, insulino-traité. Cécité quasi-complète sur glaucome familial, plus ou moins compression du chiasma, indication chirurgicale à discuter.

II - SYMBOLIQUE SYNOPTIQUE

Le concept de maladie thyroïdienne auto-immune inclut au premier degré la thyrotoxicose et la thyroïdite d'Hashimoto avec ses variantes et, toujours au premier degré, le myxoedème (thyroïdite atrophique), certains cas de goitres non toxiques sporadiques, la plupart des hyperthyroïdies néonatales et une proportion de crétinisme congénital athyréotique. Chacun des clones # 107, # 111 et # 205 est apparu être homologue aux gènes en rapport avec l'apoptose, aldolase A, et collagène (IV) a-2 respectivement, alors que le clone # 123 ne montrait aucune homologie avec les gènes connus, suggérant que les 4 gènes susmentionnés pourraient avoir un important rôle de fonctionnement physiologique dans les thyrocytes qui sont sus ou sous-régulés de façon dépendante par la thyroid stimulating hormone. Le thyrocyte de chien exprime 5 clones codant pour des protéines connues : thrombospondine 1, TNFr 1, RhoE, Ra 1B et Annexine A2. Ces régulations apportent une contrepartie moléculaire aux effets physiologiques de la TSH : angiogenèse (diminution de la thrombospondine 1), diminution de l'apoptose (diminution de TNFr 1) et interruption du filament d'actine, macropinocytose et sécrétion d'hormones thyroïdiennes (diminution de RhoE).

Les boucles de feed-back sont habituellement décrites pour les cellules endocriniennes. Cependant, le développement de la médecine moléculaire a mis à jour des boucles de feed-back du signal dans les événements de la cellule non endocrinienne et dans un cadre du métabolisme moléculaire des peptides régulateurs. Notre objectif ici est de dégager les progrès notés dans quelques boucles de feed-back en médecine moléculaire. Exemple d'onomatopée moléculaire :

La lipide phosphatase SHIP2 (Src homology 2 (SH2) – containing inositol 5-Phophatase 2 J a été montrée comme étant un régulateur négatif crucial physiologiquement du signalement de l'insuline. Il a été étudié le mécanisme moléculaire par lequel SHIP2 régule négativement la phosphorylation induite par l'insuline de Akt, une molécule clé d'aval de l'importante phosphatidylinositol 3 kinase pour l'action biologique de l'insuline. La surexpression du type sauvage de SHIP2 (WT-SHIP2) inhibe la phosphorylation induite par l'insuline de Akt à la fois la Th2 (308) et Ser (473) dans les fibroblastes Ras 1 exprimant le récepteur de l'insuline. Le degré de l'inhibition était moindre dans les cellules exprimant soit un mutant de SHIP2 avec un changement R47Q (R/W-SHIP2) dans le domaine SH2, ou un mutant SHIP2 avec Y98F changé (Y/F-SHIP2) dans le site de phosphorylation tyrosine C terminal. Pourtant, en addition d'un signal de myristoylation, WT-SHIP2,R/Q SHIP2 et Y/F SHIP2 tous inhibent efficacement la phosphorylation Akt induite de l'insuline à la fois avec deux résidus, alors que le mutant défectif 5'phosphatase SHIP2 (delta IP-SHIP2) avec signal de myristoylation ne le faisait pas. De façon intéressante, le degré d'inhibition de la phosphorylation de Akt par R/Q-SHIP2 et Y/F-SHIP2 est bien corrélé avec l'étendue de leur association avec Shc. En plus, la surexpression de WT-Shc augmente l'association induite par l'insuline de SHIP2 avec Shc, alors qu'une diminution du taux de Shc sur expression d'antisense de l'ARNm de Shc conduit à la réduction de l'association de SHIP2-Shc. Plus encore, l'effet inhibiteur de la phosphorylation de Akt induite par l'insuline par WT-SHIP2 est diminué dans les cellules antisense Shc. Ces résultats indiquent que la localisation membranaire de SHIP2 avec son activité 5'phosphatase est nécessaire pour la régulation négative de la phosphorylation Akt induite de l'insuline et que la localisation est régulée au moins en partie par l'association de SHIP2 avec Shc dans les fibroblastes Rat 1 ;

Les peptides régulateurs ont le caractère de régulation avec boucles de feed-back faisant évoquer une « endocrinie » dans les cellules en dehors du système endocrinien stricto-sensu. L'intérêt réside dans une physiologie pertinente qui peut augurer l'intervention en médecine holistique avec la description de quelques 25 boucles à ce jour définissant un certain trafic cellulaire.

De nombreux peptides par leur métabolisme moléculaire dans la cellule de la glande thyroïdienne, sont impliqués : les mutations du récepteur de la TSH sont source de résistance à la TSH avec hypothyroïdie congénitale. Un nouveau peptide orexigène, la Ghrelin, est diffus dans l'organisme et avec la tachykinine autre nouveau peptide facteur endocrine paracrine ; le PTTG et FGF-2 sont des marqueurs pronostiques des cancers thyroïdiens différenciés ; le CRIF1 est une nouvelle protéine du noyau qui interagit avec Gadd45 et peut jouer un rôle dans la régulation négative du cycle cellulaire de progression et de croissance ; les mutations de RET protooncongène sont devenues le marqueur du cancer médullaire de la thyroïde supplantant la calcitonine à laquelle il faut ajouter le CGRP$\propto$, le CGRPβ et l'amyline ; des protéines régulatrices liant l'AMP cyclique, la protéine G, Gi alpha 1, la protéine protéolipidique MAL sont identifiées à côté d'antigènes immunologiques actifs dans la Maladie de Basedow, les polyendocrinopathies autoimmunes. Ces peptides, par la diversité de leur fonction, argumentent en faveur du concept d'endocrinologie générale équivalente de sciences médicales sociales et philosophiques.

III - SYNTHESE DE PERSPECTIVES DE PEPTIDOLOGIE REGULATRICE GENERALE

Le diabète sucré est une affection chronique qui conduit à des complications incluant des cardiopathies, l'accident vasculaire cérébral, la défaillance rénale, la cécité et les lésions nerveuses. Le type 2 est caractérisé par une résistance tissulaire ciblée à l'insuline et sévit de manière épidémique dans les pays industrialisés et est fortement associé à l'obésité ; pourtant, le mécanisme par lequel l'adiposité accrue cause la résistance à l'insuline n'est pas éclairci. Les adipocytes secrètent une molécule unique signalante, dénommée résistine (pour résistance à l'insuline). La résistine circulante a des taux diminués par l'anti-diabétique oral rosiglitazone et augmentés par un régime induisant l'obésité et les formes génétiques d'obésité. L'administration d'un anticorps anti-résistine améliore le taux de sucre circulant et l'action de l'insuline chez la souris ayant un régime qui induit l'obésité. Plus encore, le traitement de la souris normale avec de la résistine de synthèse altère la tolérance au glucose et l'action de l'insuline. La captation de glucose stimulé par l'insuline par les adipocytes est augmentée par la neutralisation de la résistine et est réduite par le traitement à la résistine. La résistine est ainsi une hormone qui potentiellement lie l'obésité au diabète. Cependant, certaines observations ne supportent pas un rôle important de l'expression du gène de la résistine dans l'insulino-résistance humaine. La déhydroépiandrostérone (DHEA), l'hormone stéroïde la plus abondante dans le sang de l'homme, est considéré comme étant une des hormones réduisant la graisse. Pourtant, les mécanismes moléculaires sous-jacents au mode d'action de la DHEA dans l'obésité n'ont pas été pleinement clarifiés. La DHEA pourrait avoir un impact sur la transcription du gène de la résistine à travers un mécanisme impliquant le PPAR alpha et qu'un taux élevé de résistine pourrait conduire à une inhibition de l'adipogenèse de tissu adipeux.

Le rôle fonctionnel et les mécanismes moléculaires d'action de la prostaglandine E2 (PGE2) dans la régulation de la perméabilité hydrique osmotique dans l'épithélium osmo-régulateur (tubules collecteurs des mammifères, et vessie urinaire amphibienne) ont été étudiés. Les récepteurs de la PGE2 ont une classification moderne avec une distribution le long du nephron et des systèmes de second messager intracellulaire couplés aux récepteurs. Le mécanisme d'action inhibitrice de PGE2 sur l'augmentation de la perméabilité hydride osmotique induite par l'hormone antidiurétique a fait l'objet d'analyses. Une attention particulière est donnée au rôle de PGE2 comme régulateur auto ou paracrine de la perméabilité hydride osmotique dans le phénomène de l'augmentation indépendante de l'ADH de la perméabilité hydride observée dans la vessie urinaire d'amphibiens isolés en remplacement de solutions séreuses environnantes. L'épithélium osmo-régulateur n'est pas seulement la place d'un taux maximum de synthèse de PGE2 dans le rein mais est aussi caractérisé par une diversité grande de sous-types de récepteurs de PGE2 : EP1, EP2, EP3 et EP4 révélés dans les tubules collecteurs des mammifères. Une telle diversité des récepteurs de PGE2 est un bon argument avec différents essais fonctionnels de PGE2 dans l'épithélium osmo-régulateur. PGE2 n'est pas moins importante dans la régulation du transport d'ion et d'eau dans l'épithélium osmo-régulateur que l'hormone anti-diurétique. La pathogenèse du diabète de type 2 est complexe et complique les anomalies à la fois dans l'action et la sécrétion de l'insuline. Ces anomalies sont causées par le jeu entre gènes et environnement. Une détermination des défauts génétiques qui prédisposent soit à l'insulino-résistance soit à une diminution de la sécrétion de l'insuline est importante comme une compréhension du mécanisme moléculaire sous-jacent pouvant être essentiel pour le développement de traitements les plus efficaces. Les variants génétiques sont identifiés dans les gènes codant les protéines dans la cascade précoce du signalement de l'insuline. Des variations surviennent fréquemment dans ces gènes, mais leurs effets varient dans différentes populations. Ceci pourrait suggérer un arrière-plan génétique comme facteur principal et l'effet synergique de plusieurs variants dans un rôle majeur. Les études épidémio-génétiques futures sur de grandes populations sont alors importantes dans le but d'obtenir une puissance statistique suffisante. L'insuline par elle-même a un effet sur la sécrétion d'insuline par les cellules bêta et le signalement de l'insuline dans le système nerveux central joue un rôle important dans la régulation de l'énergie disponible, le métabolisme énergétique et la reproduction. Le système hpothalamo-neurohypophysaire est l'appareil neuro-sécrétoire spécialisé du cerveau pour la production de peptides hormonaux, de vasopressine, qui maintient l'équilibre hydrique en faisant la promotion de la conservation de l'eau au niveau du rein. La déshydratation évoque une augmentation massive dans la libération régulée de l'hormone à partir du système hypothalamo-neurohypophysaire et ceci est accompagné d'une pléthore de changements dans les propriétés électriques, la morphologie et l'activité sécrétoire et de biosynthèse, tous chacun considéré comme facilitant la production d'hormone et sa délivrance, et alors la survie de l'organisme, ceci à travers l'expression du gène à étudier. De nouvelles perspectives dans la genèse et la prise en charge clinique putative du cancer de la prostate ont émergé dans ces récentes années. L'apoptose joue un rôle majeur dans cet environnement. Les inhibitions du protéasome bloquent l'action du complexe protéinase multicatalytique impliqué dans la dégradation des protéines intracellulaires, particulièrement au regard de la régulation du cycle cellulaire et de l'apoptose. De nombreuses études in vitro ont démontré la capacité de ces composés à induire l'apoptose et d'augmenter l'activité d'agents tumoricides conventionnels dans beaucoup de cancers de différents types cellulaires incluant les cellules du cancer de la prostate. Ces puissants inhibiteurs comme nouvelle approche moléculaire potentielle pour le traitement du cancer de la prostate est à considérer. Plus encore, l'action des inhibiteurs du protéasome a été testée dans les modèles animaux et chez les patients ayant un cancer de la prostate réfractaires aux hormones, aboutissant à une diminution du volume tumoral et de l'antigène spécifique de la prostate. PS-341 est le premier inhibiteur de protéasome avec application clinique dans le traitement du cancer de la prostate qui a été utilisé dans des essais cliniques à ce jour offrant là une cible thérapeutique accessible du cancer de la prostate. Alors qu'une pauvre croissance précoce et un risque accru de diabète de type II à l'âge adulte ont un lien indiscutable, l'impact relatif de l'environnement ou de la génotype reste non éclairci. Un profil altéré de la méthylation de l'ADN pourrait potentiellement servir de marqueurs pour l'évaluation du pronostic et pourrait aider dans le développement de stratégies prophylactiques.

L'excès en glucocorticoïdes aboutit fréquemment à l'obésité, l'insulino-résistance, l'intolérance au glucose et l'hypertension et peut être produite par l'action altérée des hormones glucocorticoïdes. La sensibilité tissulaire aux glucocorticoïdes est régulée par l'expression des isoformes du récepteur des glucocorticoïdes (GR alpha et GR bêta) et la synthèse intracellulaire du cortisol actif médiée par le type I de la 11 bêta-hydrosystéroïde déhydrogénase. Les glucocorticoïdes hormonaux ont une action sur le muscle squelettique déterminée principalement par l'auto-régulation de GR alpha et GR bêta et l'expression de 11 bêta HSD1 par l'isoforme de GR alpha se liant au ligand. Additionnellement, l'insuline et l'IGF I régulant la 11 bêta HSD 1 peut représenter un nouveau mécanisme qui maintient la sensibilité à l'insuline du tissu musculaire squelettique par la diminution des glucocorticoïdes à l'action de l'insuline. L'action altérée de l'hormone glucocorticoïde exprimée au niveau du muscle peut contribuer à l'étiologie du syndrome métabolique, mais le mécanisme moléculaire est encore mal définie. L'expression augmentée de GR alpha et par le muscle squelettique et la régulation intracellulaire du cortisol médiée par la 11 bêta-HSD 1 peuvent jouer un rôle fondamental dans les mécanismes contribuant à la pathogenèse du syndrome métabolique. La 11 bêta hydroxysteroid dehydrogenase type 1 (11 beta-HSD-1) catalyse l'interconversion de la cortisone inactive en cortisol actif. La surexpression de la 11 bêta-HSD-1 dans le tissu adipeux murin aboutit à une surexpression du récepteur glucocorticoïde (GR) alpha, en une obésité centrale et en insulino-résistance. L'expression de la 11 bêta-HSD-1 dans le tissu adipeux est augmentée dans l'obésité acquise humaine et étroitement liée à l'accumulation des graisses intra-abdominales et les traits de l'insulino-résistance. L'enzyme 11 bêta-hydroxystéroïde déhydrogénase de type 1 (11 bêta-HSD-1) module la concentration de glucocorticoïdes spécifiques des tissus en générant le cortisol actif. Les concentrations de l'ARNm de la 11 bêta-HSD-1 de l'adiposité et les variations génétiques dans le gène de la bêta-HSD-1 sont associées au diabète sucré de type 2, aux concentrations de l'insuline plasmatique et à l'action de l'insuline indépendamment de l'obésité. L'expression adipeuse variable pourrait ne pas être la première conséquence de cette 11 bêta-HSD-1. Dès lors, il est possible que le gène de 11 bêta-HSD-1 soit régulé de façon spécifique au tissu et a des conséquences spécifiques du tissu. L'excès de l'action glucocorticoïde dans les tissus pourrait contribuer à l'hyperglycémie et à l'insulino-résistance associée au diabète de type 2 mais le mécanisme est mal élucidé. L'activation des glucocorticoïdes au niveau de leur réception et l'expression de la 11 bêta-HSD-1 dans le foie pourraient contribuer au développement du diabète de type 2 chez la souris db/db. Les travaux récents indiquent que les taux élevés de glucocorticoïdes (GC) gouvernés par l'expression de la 11 (bêta) hydroxystéroïde déhydrogénase de type 1 (11 bêta-HSD-1) et les récepteurs de GC dans le tissu adipeux viscéral et le muscle squelettique conduisent à une augmentation de l'insulinorésistance et au syndrome métabolique. L'adaptation intracellulaire des régulateurs des glucocorticoïdes à l'exercice est spécifique du tissu aboutissant à une diminution de l'action des glucocorticoïdes dans le muscle squelettique et l'augmentation de l'action des GC dans le tissu adipeux. Ces adaptations peuvent avoir d'importantes implications dans l'explication des effets protecteurs de l'exercice aérobique sur l'insulinorésistance et d'autres symptômes du syndrome métabolique.

L'Interleukine 1 est un polypeptide qui est produit durant l'infection, la lésion ou le défi immunologique. Il existe deux formes moléculaires d'Interleukine 1 : l'Interleukine 1 bêta et l'Interleukine 1 alpha, et en dépit seulement de 26% des acides aminés homologues, les deux formes induisent une large variété de changements biologiques. Ceux-ci incluent les effets systémiques tels que la fièvre, le sommeil, la libération d'ACTH et l'excrétion accrue de sodium. In vitro, l'Interleukine 1 active le lymphocyte T et B et induit une variété de lymphokines, d'interférons et d'autres cytokines, en particulier le Tumor Necrosis Factor pour l'induction de changements inflammatoires telle que la synthèse de prostaglandines, l'activation de cellules endothéliales, et la résorption osseuse. En dépit de cet éventail de tissus cibles, les récepteurs de l'Interleukine 1 ont été d'abord décrits primitivement sur les lignées de lymphocytes et de fibroblastes. Un trait des études est le faible nombre de sites de récepteurs et la relative faible affinité de liaison. Il y a aussi l'évidence de l'existence d'une seconde classe de récepteurs de haute affinité. Les poids moléculaires des récepteurs de l'Interleukine 1 varient avec la souche cellulaire. Ceci a été démontré avec des poids moléculaires de 80, 70, 60 KDa. En général, il existe un divorce entre le nombre de récepteurs et l'affinité et les réponses biologiques de l'Interleukine 1. Une explication pour le mécanisme d'action de l'Interleukine 1 particulièrement sur les cellules T, est la nécessité d'une liaison croisée de deux protéines de membranes. Dans quelques cellules, la liaison de l'Interleukine 1 au récepteur putatif peut être rapide et transitoire, comptant pour l'activation de réponse intra-cellulaire sans réponse biologique mesurable (telle que l'augmentation de la synthèse d'ADN). L'activation de l'Interleukine 1 des cellules est une réponse biologique importante et son mécanisme demeure un domaine non exploré. La perfusion de lipide et l'alimentation riche en graisses constituent des causes établies d'insulino-résistance systémique et du tissu adipeux. Les kinases du stress et de l'inflammation C-JUN-N terminale est un contributeur majeur quand elles sont activées pour l'insulino-résistance cellulaire induite par les acides gras libres. Cette entité de kinases peut être activée à travers les mécanismes indépendants du TNF-alpha. Le TNF-alpha est un effecteur d'aval autocrine/paracrine des kinases JNK activées qui aussi peuvent médier l'insulino-résistance.

L'interaction des plaquettes CD154 avec les cellules avoisinantes avec CD40 est temporairement limitée pour prévenir l'inflammation non contrôlé au site des thromboses en formation. Ainsi, de façon similaire à la régulation étroite de l'interaction CD154-CD40 dans le système immun, un mécanisme efficace contrôle le potentiel inflammatoire des plaquettes CD154 dans le système vasculaire. Le platelet activating factor a une voie de signalement qui peut déclencher des cascades thrombotiques et inflammatoires, amplifier ces cascades en agissant avec d'autres médiateurs et médier les interactions cellulaires et moléculaires entre l'inflammation et la thrombose. Ce système est important dans le sepsis et d'autres syndromes de lésions inflammatoires et des stratégies thérapeutiques pour interrompre ou terminer le signalement via le système de signalement de la platelet activating factor, pourrait être utile dans ces conditions. Des travaux indiquent que les protéines Rho sont importantes pour la modulation de l'expression de CD36, supportant fortement que les statines augmentent l'expression de CD36 en rompant le cytosquelette organisé par l'inactivation des Rho GtPases. Ceci amène à rechercher les rôles des Rho GTPases et des modulateurs de l'action du cytosquelette sur les fonctions monocytaires affectés par les statines. Les maladies vasculaires oculaires tels que la rétinopathie diabétique, l'occlusion veineuse rétinienne, la dégénérescence maculaire liée à l'âge dont la population s'accroît avec le vieillissement, sont devenus les causes principales de la perturbation visuelle sévère. L'œdème maculaire et le décollement rétinien séreux sont associés au lien vasculaire anormal et au décollement rétinien tractionnel, et au glaucome néovasculaire sont causés par la néovascularisation. De telles maladies vasculaires oculaires sont causées par le vieillissement cellulaire vasculaire et le dommage vasculaire associé aux maladies liées au style de vie incluant le diabète sucré, l'hypertension, l'hyperlipidémie, et l'obésité. Au cours du vieillissement, le stress oxydatif et le stress physique mécanique, continuellement ou directe, lèsent les cellules vasculaires. De tels stress induisent l'apoptose par un signalement intracellulaire à travers les kinases de stress dans les cellules vasculaires rétiniennes cultivées. L'inhibition de telles kinases de stress pourrait être un traitement efficace pour protéger les cellules vasculaires contre les dommages liés à l'âge. Dans les modèles de développement vasculaires rétiniens, la perte de péricytes cause une pathologie mimant l'action maculaire et la rétinopathie diabétique proliférative. L'angiopoiétine 1 (Ang. 1) sécrété par les péricytes supprime le stress oxydatif induit par le signalement intracellulaire à travers les kinases de stress liées à l'apoptose cellulaire et normalise une telle pathologie rétinienne. Ceci suggère une action paracrine de l'Ang. I dans les péricytes est nécessaire pour soutenir une vascularisation rétinienne normale et que le signalement intracellulaire déclenché par l'Ang. 1 est utile pour le traitement de la pathologie cellulaire vasculaire associée à la perte de péricytes. Dans la rétinopathie diabétique et l'occlusion veineuse rétinienne, les vaisseaux rétiniens régressent tout le long avec l'apoptose des cellules vasculaires rétiniennes et la rétine devient ischémique suivi par une néovascularisation rétinienne pathologique. VEGF a été reconnu comme facteur prédominant pour induire la néovascularisation rétinienne ischémique. Les cellules vasculaires rétiniennes ont un profil caractéristique dans l'expression du récepteur de VEGF qui cause une pathologie plus fréquente dans la rétine que dans les autres organes. La Neuropiline I (NRPI) qui augmente la fonction du récepteur de VEFF est abondamment exprimée dans les cellules endothéliales rétiniennes et est sous-régulé par le VEGF lui-même et par l'hypoxie pour réguler un mécanisme de feed-back K positif dans la néovascularisation rétinienne. Ce récepteur pourrait être une cible unique pour le traitement spécifique de la régine. Les maladies liées au style de vie augmentent durant le vieillissement et ont augmenté davantage dans le style de vie imitant les pays occidentaux. Le système rénine angiotensine qui régule l'hypertension et les maladies cardio-vasculaires et les adipocytokines qui sont anormalement sécrétées dans l'obésité, agissent comme des facteurs pro-anginogéniques. La régulation de tels facteurs de maladies liées au style de vie est importante pour le traitement des maladies vasculaires rétiniennes. Finalement, l'érytropoiétine apparaît comme un facteur angiogénique induit par l'ischémie qui agit indépendamment et aussi puissant que le VEGF dans la rétinopathie diabétique proliférative. Les taux de VEGF sont particulièrement élevés et fortement associés à l'activité angiogénique dans la rétinopathie diabétique proliférative. Le potentiel des inhibiteurs de VEGF a récemment été reconnu dans les applications cliniques. La manipulation de chaque facteur angiogénique et l'adipocytokine pourrait devenir une thérapeutique potentielle dans un futur proche.

Les cellules endothéliales peuvent produire des facteurs de contraction ; l'endothéline, un peptide de 21 acides aminés qui peut contrôler le tonus vasculaire, est le plus puissant de ces facteurs. Des trois isoformes d'endothélines, les cellules endothéliales paraissent libérer premièrement l'endothéline-1. Le peptide est formé de son précurseur la grosse endothéline via l'activité d'un enzyme de conversion de l'endothéline. La production du peptide est stimulée par l'épinéphrine, l'angiotensine II, l'arginine vasopressine, le transforming growth factor, la thrombine, l'interleukine 1, et le calcium ionophore A23187. Dans les muscles lisses vasculaires, l'endothéline se lie à un récepteur spécifique qui active la phospholipase C et conduit à la formation d'inositol triphosphate, de diacylglycérol, augmente les taux de calcium intracellulaire. Dans certains vaisseaux sanguins, le récepteur de l'endothéline est lié aux canaux calciques opérant par voltage via la protéine Gi. Ceci peut expliquer pourquoi les antagonistes du calcium inhibent les contractions induites par l'endothéline seulement sur certains vaisseaux sanguins. Dans la circulation de l'avant-bras humain, les antagonistes du calcium de différentes classes préviennent les contractions induites par l'endothéline. Dans l'hypertension, les taux d'endothéline circulantes paraissent normaux, alors que la sensibilité vasculaire au peptide est réduite dans la plupart des tissus vasculaires, mais les réponses normales et augmentées ont aussi été rapportées. Dans l'athérosclérose et autres formes de maladies vasculaires, les taux d'endothéline circulante sont augmentés, un phénomène qui peut être en rapport avec la formation accrue du peptide induite par les formes modifiées de la lipoprotéine de basse densité. L'hypoxie est aussi un facteur stimulant de l'endothéline. Le diacylglycérol active la protéine kinase C. Dans la circulation de l'avant-bras humain, les antagonistes du calcium 2+ ne masquent pas la vasodilatation induite par l'endothéline et médiée par la production de prostacycline endothéliale. La circulation pulmonaire joue un rôle important dans le métabolisme de l'endothéline, car les poumons prennent une grande quantité du peptide à son passage avec de grands effets de l'endothéline dans la contraction vasculaire et aussi dans le tissu bronchique. Il existe deux récepteurs de l'endothéline dans les cellules musculaires lisses vasculaires (ETA – receptor, et possiblement ETB receptor). Dans l'artère mammaire interne humaine, l'endothéline libère le calcium intracellulaire. Dans les artères résistantes mésentériques du rat les antagonistes du calcium peuvent inverser les contractions induites par l'endothéline. Le précurseur de l'endothéline est la prépro-endothéline qui a 38 acides aminés. Les isoformes sont l'endothéline 1, 2 et 3 et les récepteurs au nombre de 3 en fait ETA, ETB, ETC, qui ont été décrites et clonées. L'endothéline a un effet additionnel positif chronotrope et inotrope sur le cœur. L'endothéline a un effet homéostatique sur la micro-circulation du rein et a un effet mitogénique important sur les fibroblastes et les cellules des muscles lisses. Le vasospasme après hémorragie subarachnoïde implique l'endothéline. Les inhibiteurs de l'enzyme de conversion de l'endothéline et les antagonistes du récepteur de l'endothéline sont des médicaments prometteurs. Les médicaments existant bloquant les canaux calciques ou inhibiteurs de l'enzyme de conversion de l'angiotensine agissent probablement au moins en partie par interférence avec les effets métaboliques de l'endothéline. L'endothéline peut être un marqueur ou facteur étiologique dans la maladie cardiaque ischémique, l'athérosclérose, la défaillance cardiaque congestive, l'hypertension pulmonaire, et l'hémorragie subarachnoïdienne. La nitroglycérine interfère avec l'endothéline .

L'adiponectine a des actions directes sur le foie, le muscle squelettique et le système vasculaire, avec comme rôle proéminent d'améliorer la sensibilité à l'insuline au niveau du foie, d'augmenter l'oxydation d'énergie (via la surrégulation de l'activité de la protéine kinase monophosphate (AMPK), et diminer l'inflammation vasculaire. Les observations récentes montrent des complexes de haut poids moléculaire qui ont une action prédominante dans le foie. Les récepteurs adipo R1 et adipo R2 sont tels que l'adipo R2 est plus fortement exprimé dans le foie, où il augmente la sensibilité hépatique à l'insuline et réduit la stéatose via l'activation de l'AMPK et augmente l'activité du ligand du PPAR gamma. La follistatine like 3 FSTL 3 est une activine et antagoniste de la myostatine ayant entre autres pour rôle de réguler l'homéostasie métabolique de l'adulte normal notamment en augmentant la sensibilité à l'insuline. Sa manipulation pharmacologique pourrait simultanément réduire l'adiposite viscérale, augmenter la masse des cellules bêta, et améliorer la sensibilité à l'insuline.

L'action altérée des glucocorticoïdes hormonaux peut contribuer à l'étiologie du syndrome métabolique mais les mécanismes moléculaires sont mal définis. L'expression élevée dans la cellule du muscle squelettique du récepteur alpha des glucocorticoïdes et de la régulation médiée par la 11 bêta hydroxystéroïde déhydrogénase du cortisol intracellulaire peuvent jouer un rôle fondamental dans le mécanisme contribuant à la pathogenèse du syndrome métabolique. L'adiponectine est une adipokine récemment décrite et qui a été reconnue comme clé de régulation de la sensibilité de l'insuline et de l'inflammation tissulaire. La cadherin T qui est exprimée par le muscle lisse et l'endothélium a été identifiée comme une protéine liant l'adiponectine avec préférence pour les multimères d'adiponectine de haut poids moléculaire. Etant donné les faibles taux d'adiponectine chez les sujets ayant un syndrome métabolique et l'effet bénéfique de l'adiponectine chez les animaux en expérimentation, il existe un potentiel excitant pour un traitement substitutif par l'adiponectine dans l'insulino-résistance et les affections en rapport. L'activine et la myostatine sont des membres liés à la super-famille du TGF-bêta growth factor. FSTL3 (Follistatin like 3) est une activine et un antagoniste de la myostatine dont le rôle physiologique chezl'adulte demeure à être élucidé. La régulation de la FSLT3 de l'activine et de la myostatine est critique pour l'adulte normal dans son homéostasie métabolique, suggérant que la manipulation pharmacologique de l'activité de FSTL3 pourrait simultanément réduire l'adiposite viscérale et augmenter la masse de cellule bêta et améliorer la sensibilité à l'insuline.

Le rôle des Insuline Like Growth Factors (IGF) dans le cancer est supporté par les études épidémiologiques qui ont constaté que des taux élevés de l'IGF-1 circulant et de faible taux de l'IGF BP 3 (IGF Binding Protein) sont associés avec un risque accru de plusieurs cancers communs incluant ceux de la prostate, du sein, du colorectum, et du poumon. Des évidences ultérieures suggèrent que certains styles de vie, tels qu'incluant les régimes riches en calories, peuvent augmenter l'IGF-1 dans la circulation, une observation qui est corroborée par l'expérimentation animale indiquant que les IGFs peuvent abolir l'effet inhibiteur de la restriction énergétique sur la croissance du cancer. Des recherches ultérieures sur le rôle des IGFs dans la liaison forte ingestion énergétique et prolifération cellulaire accrue, suppression de l'apoptose et risque accru de cancer peut apporter une nouvelle vision sur l'étiologie du cancer et conduire à de nouvelles stratégies pour la prévention du cancer. L'axe hormone de croissance – IGFs est un important modulateur de la croissance et du développement, mais en plus de leur classique rôle comme hormones endocriniennes, ces composés régulent aussi une large variété de fonctions biologiques à travers des mécanismes autocrine et paracrine. Leurs effets puissants mitogéniques et antiapoptotiques jouent un rôle critique dans la régulation des populations cellulaires épithéliales à renouvellement rapide telles que celles observées au niveau du colon. Des évidences récentes suggèrent une association entre la régulation inappropriée de l'axe GH-IGF et le développement de cancers colorectaux. Pourtant, les mécanismes moléculaires et les voies de signalement responsables sont seulement en début d'études comme le sont les contributions relatives des effets paracrine ou autocrine et endocrine. Traditionnellement, les protéines liantes sont connues comme régulant l'activité de ligands par la prolongation de leur durée de vie et les IGF-BPs ne constituent pas une exception à cela. Les IGFBPs sont des molécules inhabituellement pléiotrophiques avec des fonctions allant de la traditionnelle prolongation de la durée de vie des IGFs au fonctionnement comme facteurs de croissances indépendants des IGFs. De ce point de vue, il est surprenant de trouver que le génome humain contient seulement près de 35.000 gènes. Un mécanisme pour le compte d'une telle complexité avec un relatif petit nombre de gènes est illustré de façon éclatante par la classe des protéines IGFBPs. Le système IGF joue un rôle important en régulant la différenciation et la prolifération cellulaire et en inhibant l'apoptose. Dans le développement, la maintenance, la progression de la tumeur, toute anomalie dans la voie de signalement de l'IGF peut stimuler la croissance tumorale. Les expériences in vivo et in vitro ont confirmé que le système de l'IGF prend part à la transformation cellulaire maligne, à la croissance, à l'invasion, à la métastase de la tumeur. Le type I du récepteur de IGF joue de multiples rôles dans plusieurs cancers et des taux élevés de IGF-1 sont associés avec un risque de cancer. Du fait que l'IGF-II et le signal de l'insuline via le récepteur de l'insuline pour stimuler la croissance des cellules cancéreuses, l'inhibition du récepteur de l'insuline pourrait être nécessaire pour totalement interrompre l'action des IGFs et de leurs récepteurs. L'IGF constitue un système complexe de peptides hormonaux de deux types, avec des récepteurs aux surfaces cellulaires de deux types et des protéines liantes circulantes EGFBP de 1 à 6. Le rôle mitogène de l'IGF joue un rôle dans la prolifération, la différentiation et l'apoptose. Des stratégies d'interférences avec le signalement du récepteur-1 de l'IGF ont été développées et pourraient être utiles dans le futur pour des stratégies diagnostiques ou thérapeutiques.

Des cellules rénales embryonnaires humaines ont été transfectées avec le gène de la TSH bêta humaine et expérimentalement l'on a montré que les hormones thyroïdiennes, la TRH et les facteurs de développement aussi régulent le profil d'embranchement et la sialysation relative de la carbohydrate de TSH, qui peuvent affecter l'action de la TSH in vitro et in vivo (32). L'uroguanyline, la guanyline et la lymphoguanyline sont de petits peptides qui ont comme récepteur intestinal et rénal des guanylates cyclases (GC). Ils sont structurellement similaires aux entérotoxines stables à la chaleur qui causent la diarrhée. L'uroguanyline, le guanyline et ces entéro-toxines ont une activité de natriurèse, kaliurèse, et diurèse par des actions directes sur des récepteurs de guanylates cyclases rénaux. Le récepteur est tubulaire et pourrait être la cible de l'uroguanyline circulante dans un lien endocrinien entre l'intestin et le rein et/ou participer dans un mécanisme paracrine intrarénal pour la régulation de la fonction rénale via un second messager intracellulaire, CGMP. Le fibroblast growth factor (FGF)-23 a émergé comme un régulateur endocrinien du phosphate et du métabolisme de la vitamine D. Le FGF 23 signale à travers de multiples récepteurs FGERs et les actions endocrines uniques de FGF 23 impliquent l'échappement de cellules produisant FGF 23 et de la circulation vers le rein où des glycosaminoglycans fortement sulfatés agissent le plus vraisemblablement comme cofacteurs pour l'activité FGF 23 dont la dysrégulation du signalement conduit à des affections d'hyper et d'hypophosphatémie.

L'ostéocalcine est une protéine matricielle extracellulaire spécifique de l'os exprimée par les ostéoblastes matures durant les dernières étapes de différenciation. L'activation de la PTH du promoteur de l'oestéocalcine est un événement rapide et médié par une voie de la protéine kinase A dépendante de l'AMPc. Bien qu'une nouvelle région de réponse à l'AMPc chevauchant la « boîte » de l'ostéocalcine soit nécessaire pour l'activation, la pleine activation peut nécessiter plusieurs éléments de réponse à l'AMPc agissant en cis ou d'autres éléments de réponse. LIF (Leukemia-Inhibitory factor) est une cytokine pléiotrophique exprimée par de multiples types de tissu. Le récepteur du LIF partage une sous-unité commune de récepteur gp130 avec la super-famille du cytokine IL-6. Le signalement du LIF est médié principalement par la voie AK-STAT (Janus-kinase-signal transducer and activation of transcription) et est abrogé par les protéines SOCS (Suppresseur of Cytokine Signaling) et PIAS (Protein Inhibitors of Activated STAT). En plus d'une action neuronale et hématopoiétique classique, LIF joue un rôle critique dans plusieurs fonctions endocrines incluant l'unité utéro-placentaire, l'axe adéno-hypophyso-hypothalamique, le métabolisme cellulaire osseux, l'homéostasie énergétique, et les tumeurs répondant hormonalement. LIF a ainsi des fonctions comme interface moléculaire critique entre les systèmes neuroimmuns et endocriniens. Le fibroblaste growth factor (FGF) – 23 a émergé comme régulateur endocrine du métabolisme de la vitamine D et du phosphate. Il est produit dans l'os et différemment d'autres FGFs, circule dans le courant sanguin pour, de façon ultime, réguler la teneur en phosphate et la production de vitamine D dans le rein. Le FGF 23 signale à travers de multiples récepteurs FGFRs et les actions endocrines uniques de FGF 23 impliquent l'échappement des cellules produisant FGF 23 et la circulation vers le rein, ou les glyco-amino-glycans sulfatés plus vraisemblablement agissent comme co-facteurs pour l'activité de FGF 23. La dysrégulation du signalement de FGF 23 conduit aux affections d'hyper et hypophosphatémie.

L'obésité constitue un important facteur de risque de développement de l'insulino-résistance et du diabète de type 2. Le mécanisme moléculaire liant l'obésité à l'insulino-résistance est pourtant non éclairci. Récemment, une nouvelle hormone circulante qui est exprimée dans le tissu adipeux a été identifié comme étant la résistine. Cette hormone serait antagonique à l'action de l'insuline. Les taux de résistine sont accrus dans les régimes induisant l'obésité aussi bien que chez les modèles animaux d'obésité et d'insulino-résistance. Plus encore, l'expression du gène de la résistance est sous-régulé de façon marquée dans les traitements par antidiabétiques du type thiazolidinediones qui améliorent la sensibilité des tissus cibles de l'insuline. Il a été observé que dans le tissu adipeux abdominal humain qui est considéré comme étant un acteur de risque majeur pour l'insulino-résistance, les taux ARNm de résistine sont plus élevés que dans les autres dépôts. La résistine, dès lors, peut jouer un rôle dans la pathogenèse de l'insulino-résistance liée à l'obésité. De nouvelles perspectives dans la genèse du cancer de la prostate et la prise en charge clinique putative ont émergé ces récentes années. La voie du protéasome et l'apoptose ont abouti à la proposition de l'inhibition du protéasome dans les lignées de cellules de cancer de la prostate ouvrant une nouvelle thérapeutique à cible moléculaire dans le cancer de la prostate. L'anticorps anti-HER2 trastuzmab est émergent comme thérapeie de frontière pour les patientes ayant des cancers du sein métastasiques qui surexpriment HER2. La compréhension des mécanismes moléculaires par lesquels les anticorps inhibent la croissance tumorale pourrait permettre la mise en place d'un protocole basé sur le trastuzmab plus efficace. Par la stimulation de la kinase liée au minibrain (MIRK), le trastuzmab stabilise le p27 Kip1 dans le noyau, qui augmente l'action inhibitrice de p27kip1 sur CDK2. Les cibles et voies affectées par trastuzmab travaillent de concert pour maximiser l'expression et l'effet inhibiteur de p27kip1, qui conduit à l'arrêt du cycle cellulaire G1 et à l'inhibition de la croissance. Les molécules d'adhésion liées à l'antigène carcinoembryonnaire appartiennent à un groupe de glycoprotéines liées aux immunoglobulines des mammifères. Elles sont impliquées dans la reconnaissance cellule-cellule et modèlent les processus cellulaires qui vont de la mise en charpente du tissu architectural et la néovascularisation à la régulation de l'homéostasie de l'insuline et la prolifération des cellules T. Ces glycopritéines ont aussi été identifiées comme récepteurs de virus spécifiques d'hôte et les bactéries chez la souris et l'homme respectivement, faisant de ces protéines un exemple intéressant de co-évolution hôte pathogène. La génétique chez la souris apporte maintenant des modèles nouveaux puissants pour élucider l'action de ces glycoprotéines in vivo.

Les enzymes protéolytiques jouent un rôle clé dans une variété de processus physiologiques dans lesquels la dégradation des macromolécules est essentielle : l'angiogenèse, l'embryogenèse, le remodelage tissulaire et osseux, l'homéostasie sanguine, et la migration cellulaire. L'action de ces enzymes est aussi cruciale dans le développement de beaucoup de situations pathologiques telles la guérison de plaie, la néoplasie, l'inflammation et les affections rhumatismales. L'activité des protéases est négativement affectée par les inhibiteurs spécifiques des protéases. Une variété de facteurs de croissance et d'autres cytokines modulent la synthèse et la sécrétion à la fois des protéases et des inhibiteurs de protases. L'étude de cette régulation aboutit à une meilleure vision dans la physiopathologie au niveau moléculaire et promet des résultats de stratégie de traitement alternatif. Les glucocorticoïdes sont les médicaments anti-inflammatoires les plus utilisés dans le traitement des affections auto-immunes telle que la polyarthrite rhumatoïde. En plus, les glucocorticoïdes endogènes sont impliqués dans de nombreux processus physiologiques. La plupart de leurs effets sont médiés par le récepteur des glucocorticoïdes via l'activation ou la répression de l'expression de gènes ; l'activation nécessite la liaison à l'ADN du récepteur alors que la répression est médiée par les interactions protéines-protéiques avec d'autres facteurs de transcription. En particulier, la plupart des effets anti-inflammatoires et immunosuppressifs sont exercés par une interaction du récepteur des glucocorticoïdes avec la protéine 1 activante (AP-1) et la famille des facteurs nucléaires Kappa B (NF-Kappa B) de facteurs de transcription sans liaison de l'ADN. Les cytokines tel que le Tumor Necrosis Factor alpha (TNF alpha) et l'Interleukine I (IL I) active l'axe surrénalo-hypophyso-hypothalamique alors que les glucocorticoïdes inhibent l'Interleukine I et le Tumor Necrosis Factor formant un axe surrénalo-hypophyso-hypothalamo-cytokine avec circuit de feed-back. La grande efficacité des antagonistes bloquant le TNF alpha ou l'Interleukine I dans la polyarthrite rhumatoïde et la compréhension des mécanismes moléculaire précis de la fonction des glucocorticoïdes augmenteront notre compréhension des maladies auto-immunes telle que la polyarthrite rhumatoïde et pourraient suggérer des approches thérapeutiques bénéfiques nouvelles avec peu d'effets secondaires. Durant les dernières décennies, il y a eu des avancées majeures dans notre compréhension des facteurs qui régulent l'activité et la formation des ostéoclastes. Il est maintenant apparent que le NF-Kappa B activateur récepteur (RANK) et son ligand RANKL (aussi connu comme TRANCE, ligand de l'ostéoprotégérine (OPG) et facteur de différenciation de l'ostéoclaste) et l'inhibiteur RANKL naturel, OPG sont les facteurs clés régulant la formation d'ostéoclaste dans la physiologie de l'os normal. Les interactions moléculaires de ces molécules régulent la formation d'ostéoclaste et la perte osseuse subséquente dans la maladie et il y a maintenant une forte évidence que la perte d'os associée avec les maladies inflammatoires, tels que la polyarthrite rhumatoïde, la maladie périodontale et le déficit péri implant, est régulé par l'action de RANK, RANKL et OPG. Ces molécules sont cibles pour la régulation pharmacologique de perte osseuse sévère dans beaucoup de maladies inflammatoires communes.

La cause précise moléculaire de la résistance à l'insuline n'a pas encore été élucidée. La résistance à l'action normale de l'insuline contribue à la pathogenèse de nombreuses affections humaines fréquentes incluant le type 1 (insulinodépendant) et le type 2 (non insulinodépendant) de diabète sucré, l'hypertension, le syndrome métabolique X constituant ainsi un problème de santé publique majeur. Les gènes régulant la lipolyse sont les premiers candidats pour la susceptibilité au syndrome métabolique. L'intégrité vasculaire de l'endothélium est maintenue par la libération d'une variété de facteurs paracrines tel que l'oxyde nitrique. La dysfonction endothéliale est caractérisée par une bio disponibilité réduite de l'oxyde nitrique et est associée à l'obésité, la résistance à l'insuline et le diabète de type 2.

Il a été démontré que l'insuline a des effets directs sur l'endothélium pour augmenter la bio disponibilité de l'oxyde nitrique. Donc l'altération du signalement de l'insuline dans l'endothélium représente un mécanisme candidat sous-jacent à l'association entre l'insulino-résistance et la dysfonction endothéliale. La sécrétion des adipocytokines est altérée chez les obèses avec une augmentation des adipocytokines et effets directs sur l'endothélium vasculaire. L'adiponectine est une adipokine régulatrice clé de la sensibilité à l'insuline et de l'inflammation tissulaire. Etant donné le faible taux d'adipokine adiponectine chez les sujets ayant un syndrome métabolique et l'effet bénéfique de l'adipokine dans les études animales, il existe un potentiel réel pour le traitement substitutif par l'adiponectine dans l'insulinorésistance et les affections en rapport. Pour certains, il existe un déséquilibre entre les molécules anti et pro inflammatoires dans le syndrome X. Ce syndrome X métabolique pourrait être une affection du cerveau due aux acides gras poly insaturés à longue chaîne à des taux suboptimaux durant la période périnatale qui déclenchent une inflammation systémique de faibles grades impliquant des stratégies périnatales pour prévenir son développement.

L'urogruanyline, la guanyline, et lalymphoguanyline sont de petits peptides qui activent le récepteur intestinal et rénal des guanylates cyclases. Le récepteur tubulaire rénal lie de façon endocrinienne l'intestin et le rein et/ou participe à un mécanisme paracrine intrarénal pour la régulation de la fonction rénale via le second message intracellulaire CGMP. Dans les cellules A et B pancréatique, des stimuli métaboliques régulent les processus électriques et biochimiques qui culminent dans l'influx d'ions Ca (2 +) et la libération de l'insuline ou le glucagon respectivement. Il faut insister sur l'importance d'une interaction étroite entre les canaux calciques Ca (2+) de type L et la machine d'exocytose pour une sécrétion efficiente. De plus, le rôle est important quant à l'acidification intragranulaire pour les premiers granules sécrétoires et sa régulation par une protéine liant les sulfonyurées de 65 KDa dans le granule. La découverte récente de l'agent ghrelin endocrinien gastrique qui apparaît être le seul puissant facteur induisant la faim et circulant dans le courant sanguin a été faite en 1999. Il est parfaitement possible que l'antagoniste de la ghrelin ne guérisse pas l'obésité du fait de l'existence de mécanismes compensateurs ou des effets indésirables qui pourraient révéler la fonction biologique vraie de la ghrelin (par exemple des mécanismes cardiovasulaires, des effets anti-prolifératifs, la reproduction). L'activine et la myostatine sont des membres en rapport avec la superfamille de TGF-bêta growth factor. FSTL3 (Follistatin-like 3) est une activine et un antagoniste de la myostatine dont le rôle physiologique chez l'adulte demeure indéterminé. La régulation par la FSTL3 de l'activine et de la myostatine est critique pour l'homéostasie métabolique de l'adulte normal, suggérant que la manipulation pharmacologique de l'activité de FSTL3 pourrait simultanément réduire l'adiposité viscérale, augmenter la masse de cellules bêta, et améliorer la sensibilité à l'insuline.

Mots-clés : MEDECINE – CHIRURGIE – PEDIATRIE – MATERNITE – PSYCHIATRIE.

FSC
www.fsc.org
MIX
Papier | Fördert gute Waldnutzung
FSC® C083411

Kolibri 360 GmbH
Ferdinand-Jühlke-Straße 7
99095 Erfurt, Deutschland
produktsicherheit@kolibri360.de

Druck:
CPI Druckdienstleistungen GmbH
im Auftrag der
Kolibri 360 GmbH
Ferdinand-Jühlke-Str. 7
99095 Erfurt